어휘가 보여야 문해력이 자란다

문해력 잡는 초등 어휘력

A-2 단계

• 초등 2~3학년 •

초등교과서에 나오는 과목별 학습개념어 총망라

★ 문해력 183문제 수록! ★

아울북

문해력의 기본,
왜 초등 어휘력일까?

21세기 교육의 핵심은 문해력입니다. 국어 사전에 따르면, 문해력은 '문자로 된 기록을 읽고 거기 담긴 정보를 이해하는 능력'입니다. 여기에 더해 글을 비판적으로 읽고 자신만의 관점을 가지는 것 역시 문해력이지요. 그러기 위해서는 문장을 이루고 있는 어휘의 뜻을 정확히 알고, 해당 어휘가 글 속에서 어떤 역할을 하고 있는지 깨닫는 과정이 필요합니다.

초등학교 3~4학년 시절 아이들이 배우고 쓰는 어휘량은 7,000~10,000자 정도로 급격하게 늘어납니다. 그중 상당수가 한자어입니다. 그렇기에 학년이 올라가면서 교과서와 참고서, 권장 도서 들을 받아드는 아이들은 혼란스러워 합니다. 해는 태양으로, 바다는 해양으로, 세모는 삼각형으로, 셈은 연산으로 쓰는 경우가 부쩍 늘어납니다. 땅을 지형, 지층, 지상, 지면, 지각처럼 세세하게 나눠진 한자어들로 설명합니다. 분포나 소통, 생태처럼 알 듯 모를 듯한 어려운 단어들이 불쑥불쑥 등장하기 시작합니다.

우리말이니까 그냥 언젠가 이해할 수 있겠지 하며 무시하고 넘어갈 수는 없습니다. 초등학교 시절의 어휘력은 성인까지 이어지니까요. 10살 정도에 '상상하다'나 '귀중하다'와 같이 한자에서 유래한 기본적인 어휘의 습득이 마무리된다는 연구 결과를 내놓은 학자도 있습니다. 반대로 무작정 단어 뜻을 인터넷에서 검색하고 영어 단어를 외우듯이 달달 외우면 해결될까요? 당장 눈에 보이는 단어 뜻은 알 수 있지만 다른 문장, 다른 글 속에 등장한 비슷한 단어의 뜻을 유추하는 능력은 길러지지 않습니다. 문해력의 기초가 제대로 다져지지 않는다는 의미입니다.

결국 자신이 정확하게 알고 있는 단어를 통해 새로운 단어의 뜻을 짐작하며 어휘력을 확장시켜 가는 게 가장 좋습니다. 어휘력이 늘어나면 교과 개념을 정확하게 이해하고, 학습 내용도 빠르게 습득할 수 있지요. 선생님의 가르침이나 교과서 속 내용이 무슨 뜻인지 금방 알 수 있으니까요. 이 힘이 바로 문해력이 됩니다. 〈문해력 잡는 초등 어휘력〉은 어휘력 확장을 통해 문해력을 키우는 과정을 돕는 책입니다.

정춘수 기획위원

문해력 잡는 단계별 어휘 구성

〈문해력 잡는 초등 어휘력〉은 사용 빈도수가 높은 기본 어휘(씨글자)240개와 학습도구어와 교과내용어를 포함한 확장 어휘(씨낱말) 260개로 우리말 낱말 속에 담긴 단어의 다양한 뜻을 익히고 이를 통해 문해력을 키우는 프로그램입니다. 한자의 음과 뜻을 공유하는 낱말끼리 어휘 블록으로 엮어서 한자를 모르는 아이도 직관적으로 그 관계를 파악할 수 있습니다. 초등 기본 어휘와 어휘 관계, 학습도구어, 교과내용어 12,000개를 예비 단계부터 D단계까지 전 24단계로 구성해 미취학 아동부터 중학생까지 수준별 학습이 가능합니다. 어휘의 어원에 따라 자유롭게 어휘를 확장하며 다양한 문장을 구사하는 능력을 기르는 동안 문장 사이의 뜻을 파악하는 문해력은 자연스럽게 성장합니다.

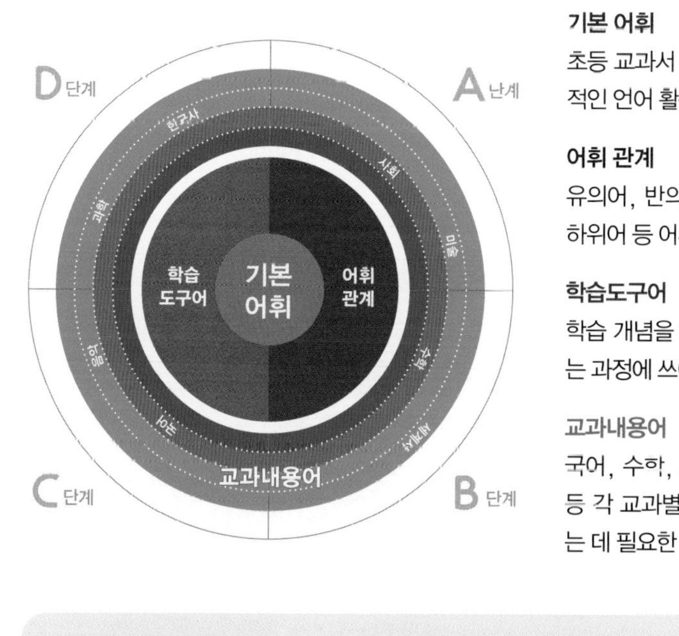

기본 어휘
초등 교과서 내 사용 빈도수가 높고, 일상적인 언어 활동에서 기본이 되는 어휘

어휘 관계
유의어, 반의어, 동음이의어, 도치어, 상하위어 등 어휘 사이의 관계

학습도구어
학습 개념을 이해하고 논리적으로 설명하는 과정에 쓰이는 도구 어휘

교과내용어
국어, 수학, 사회, 과학, 한국사, 예체능 등 각 교과별 학습 내용을 정확히 이해하는 데 필요한 개념 어휘

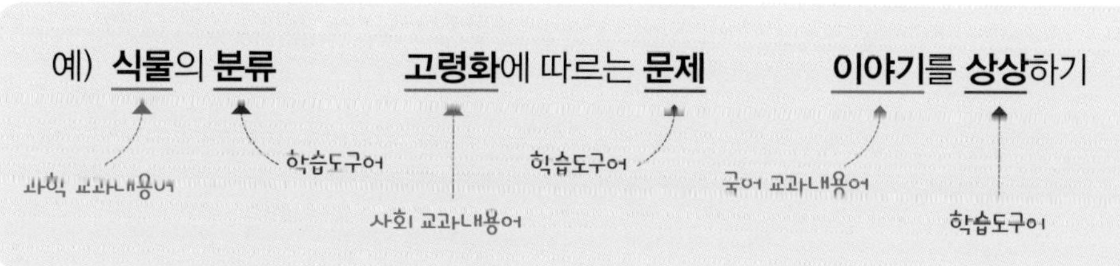

어휘력부터 문해력까지, 한 권으로 잡기

씨글자 | 기본 어휘

기본 어휘

하나의 씨글자를 중심으로 어휘를 확장해요.

낱말밭 | 어휘 관계

어휘 관계

유의어, 반의어, 전후 도치어 등의 어휘 관계를 통해 어휘 구조를 이해해요.

씨낱말 | 교과내용어

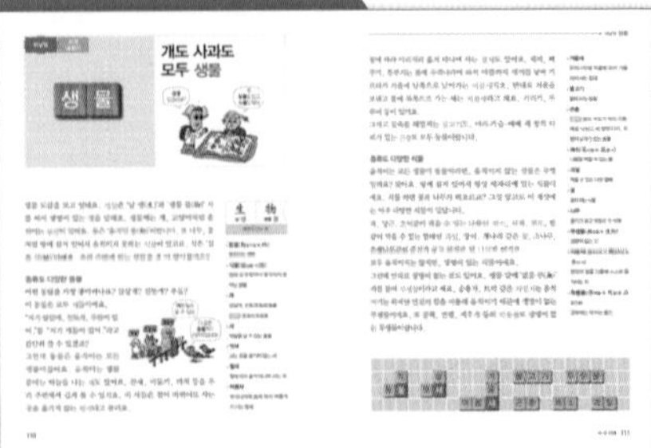

확장 어휘

둘 이상의 어휘 블록을 연결하여 씨낱말을 찾고 어휘를 확장해요.

어휘 퍼즐

어휘 퍼즐

어휘 퍼즐을 풀며 익힌 어휘를 다시 한번 학습해요.

종합 문제

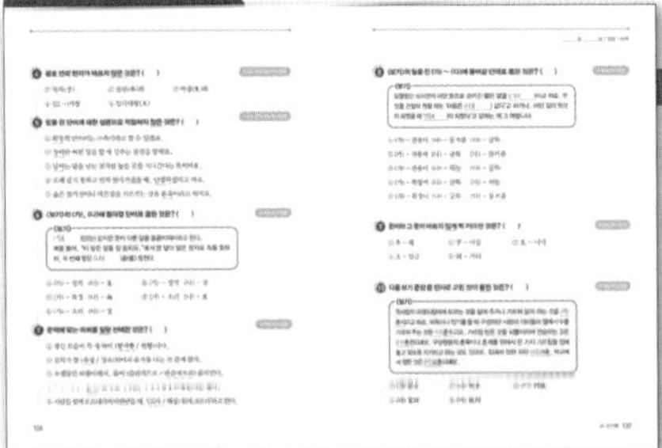

종합 문제

종합 문제를 풀며 어휘를 조합해 문장으로 넓히는 힘을 길러요.

문해력 문제

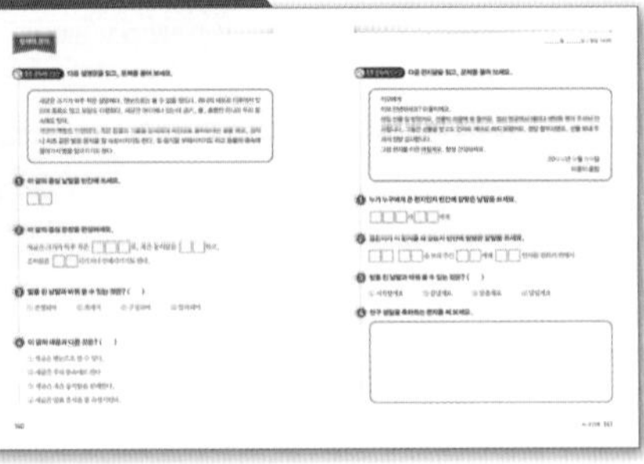

문해력 문제

여러 어휘로 이루어진 문장의 의미를 파악하고 글의 맥락을 읽어 내는 문해력을 키워요.

1장

임금님도 왕, 나도 왕

민호가 열심히 운동을 했어요. 마침내 배에 이것이 생겼대요.
이것은 무엇일까요? (　　)

① 삼(三)　② 왕(王)　③ 토(土)　④ 사(士)

王 임금 왕

- **용왕**(龍용 용 王)
  바닷속 용궁의 임금
- **염라대왕**(大큰 대 王)
  염라국을 다스리는 임금
- **왕관**(王 冠갓 관)
  왕이 머리에 쓰는 관

맞았어요. '왕(王)'이라는 글자예요.
요즘 누구나 한번쯤 배에 그리고 싶어 하는 글자,
'왕'은 무슨 뜻일까요? 다음 빈칸을
채우면서 그 뜻을 알아맞혀 보세요.
바닷속 용궁에는 용□이 살고,
지옥의 염라국에는 염라대□이 살아요.
용왕은 바닷속을 지배하는 임금님이고,
염라대왕은 지옥에 있는 염라국의 임금님이에요.
이렇게 왕(王)은 '임금'을 뜻해요.
그래서 '왕' 자가 붙는 말에는
임금과 관련된 말이 많지요.
임금을 뜻하는 왕은 또 어떤 말에 쓰일까요?

왕의 가족은 □족, 왕족은 궁궐에서 살아요.
궁궐 중에서도 왕이 사는 곳은 □궁이지요,
왕궁에서 왕의 아내로 함께 사는 여자는 □비,
왕비가 아들을 낳으면, 왕의 아들인 □자예요.
그런데 만일 왕이 여자라면요?
여왕이지요.

왕이 다스리는 나라는
왕국(王國)이라고 해요.
왕국에서는 왕과 맞설 사람이 없어요.
왕이 내리는 명령인 왕명(王命)은
누구든지 따라야 하거든요.

현대에는 왕은 있어도 왕국이 아닌 나라가 많아요.
그런 나라는 왕이 직접 다스리지는 않지요.
다만 그 나라를 대표하는 가장 높은 사람일 뿐이에요.

몸매가 좋으면 몸짱, 얼굴이 예쁘면 얼짱이라고 하지요?
왕도 비슷한 뜻으로 쓰일 수 있어요.
퀴즈를 잘 풀면 퀴즈왕, 영어를 잘하면 영어왕이지요.
이때 왕(王)은 '최고'를 뜻해요. 아주 잘한다는 말이에요.

王 임금 왕

왕족(王 族무리 족)
왕의 가족

왕궁(王 宮궁궐 궁)
왕이 사는 궁궐

왕비(王 妃왕비 비)
왕의 아내

왕자(王 子아들 자)
왕의 아들

여왕(女여자 여 王)
여자인 왕

왕국(王 國나라 국)
왕의 나라

왕명(王 命명령 명)
왕의 명령

王 으뜸 왕

퀴즈왕(王)
퀴즈를 으뜸으로 잘 푸는 사람

영어왕(王)
영어를 으뜸으로 잘하는 사람

옛날에는 임금님이 모든 면에서 가장 으뜸가는 사람이라고 생각했어요. 그래서 왕은 어떤 분야에서 으뜸가는 사람이라는 뜻으로도 쓰이게 된 거지요.

그럼 왕 대신 짱을 넣어 볼까요? 퀴즈짱, 영어짱. 말 되지요?

왕은 짱과 비슷한 뜻으로 쓰인답니다.

친구들도 짱 대신 왕을 넣어 말을 만들어 볼까요?

킹(king)은 '임금'을 뜻하는 영어 낱말이에요. 왕도 '임금'이지요. 짱은 '최고'라는 말이에요.

그러면 '킹왕짱'은 이 세 가지 말을 모두 이어 붙인 말이네요.

하지만 이건 인터넷 신조어니까, 절대로 숙제나 시험에 쓰면 안 된다는 것 잊지 마세요.

王 으뜸 왕

- **노래왕(王)**
  노래를 으뜸으로 잘하는 사람
- **달리기왕(王)**
  달리기를 으뜸으로 잘하는 사람
- **수학왕(王)**
  수학을 으뜸으로 잘하는 사람

인터넷 신조어
인터넷에서 새로 만들어져서 쓰이는 말

거칠거나 바르지 못한 말도 많으니 잘 가려 써야 해.

같은 말을 되풀이하니 친구가 속아 넘어가 버렸네요.

그럼 왕구슬은 어떤 구슬일까요? (　　)

① 멋진 구슬　　② 깨지지 않는 구슬　　③ 큰 구슬

너무 쉽네요. 왕구슬은 ③번, 큰 구슬이에요.
'왕(王)'이라는 글자는 큰 도끼의 모양을 본떠서 만들었대요.
옛날에는 힘센 사람이 왕이었거든요.
힘이 센 왕은 제일 큰 도끼를 썼고요.
그래서 왕(王)은 '크다'라는 뜻도 나타내지요.
크다는 뜻의 '왕'은 아주 많은 곳에 쓰여요.
큰 소리로 읽으면서 빈칸을 채워 봐요.
아주 큰 매미는 왕매미,
아주 큰 뚜껑은 □뚜껑,
아주 큰 눈은 □눈이라고 한답니다.

王 | 클 왕

- **왕(王)구슬**
  큰 구슬
- **왕(王)매미**
  큰 매미
- **왕(王)뚜껑**
  큰 뚜껑
- **왕(王)눈**
  큰 눈

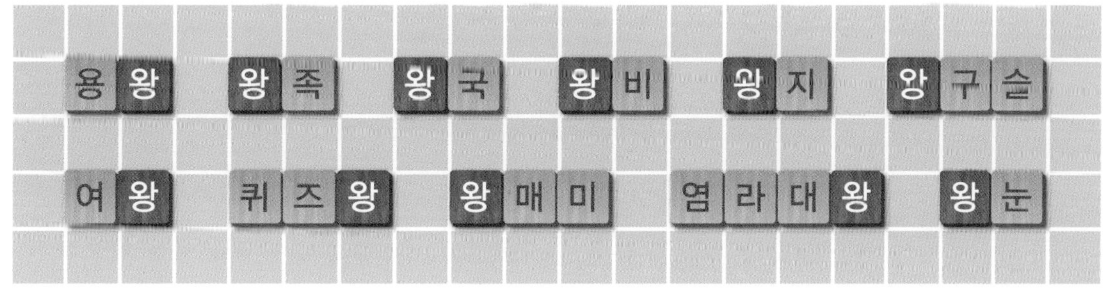

씨글자
블록 맞추기

王
임금 **왕**

용왕
염라대왕
왕관
왕족
왕궁
왕비
왕자
여왕
왕국
왕명

1 공통으로 들어갈 한자를 따라 쓰세요.

용 / 여 / 영어 — 구슬 — 王 — 염라대 — 족 / 자 / 국

임금 **왕**

2 어떤 낱말에 대한 설명인지 쓰세요.

1) 왕이 사는 궁궐 → □□
2) 왕이 내리는 명령 → □□
3) 왕의 가족 → □□
4) 왕의 머리에 쓰는 것 → □□
5) 아주 큰 눈 → □□

3 알맞은 낱말을 찾아 문장을 완성하세요.

1) 개미들이 땅속에 개미 □□을(를) 건설했어요.
2) 임금님, 저 자를 잡아 가두도록 □□을(를) 내려 주십시오.
3) 아이고, 너 우기는 데는 못 당하겠다. 완전 □□□(이)야.
4) 퀴즈 대한민국에서 일등을 해서 □□□이(가) 될 거야.
5) 내 소원은 □□이(가) 되어서 왕자를 낳는 거야.

4 그림을 보고, 알맞은 낱말을 골라 ○표 하세요.

1) (왕궁 / 용궁)

2) 

(왕 / 왕비)

3) (왕관 / 왕구슬)

5 그림을 보고, 누구에 대한 설명인지 고르세요. (   )

① 여왕　　② 용왕

③ 왕사　　④ 왕비

6 빈칸에 들어갈 알맞은 낱말을 순서대로 짝 지은 것을 고르세요. (   )

① 단어왕, 왕매미　　② 단어왕, 큰 매미

③ 영어왕, 대매미　　④ 영어왕, 왕매미

임금님 아들, 왕자님

임금님이 왜 저렇게 기뻐하고 있을까요?
임금님의 아들인 왕자가 태어났기 때문이에요.

왕자 중에서도 임금이 될 왕자를 부르는 말은 뭘까요? (　　)

① 임자　　② 금자　　③ 세자

하하, 너무 쉬운가요? 그래요, 맞아요. ③번 세자예요.
세자는 왕세자를 줄인 말이에요. 임금의 대를 이을 아들이라는 말이지요. 그럼 황제의 대를 이을 아들은 뭐라고 할까요?
황제의 아들이니까 '황자'라고 해야 할까요?
땡! 나름대로 말은 되지만, 황제의 아들은 황자가 아니라 황태자라고 해요.
옛날 중국에서는 황제가 왕보다 지위가 높았거든요.
그래서 왕의 아들보다 높여 주기 위해 클 태(太) 자를 붙인 거랍니다.

子 아들 자

- **왕자**(王 임금 왕 子)
  임금의 아들
- **왕세자**(王 世 이을 세 子)
  임금의 대를 이을 아들
- **세자**(世子)
  왕세자의 줄인 말
- **황태자**(皇 임금 황 太 클 태 子)
  황제의 아들

왕자와 왕세자

모든 왕자가 왕세자가 되는 것은 아니에요. 왕이 될 왕자만 왕세자라고 불렀지요.

자녀는 아들과 딸, 즉 아이들을 말해요.
결혼도 안 한 토마토가 아이들이 많다는 말을 들었네요!

그런데, 우리 주변에는 자녀가 많기는커녕 딸랑 아들 하나만 키우는 집도 많아요. 이런 아들을 뭐라고 부를까요? (　　)

① 모자　② 부자　③ 독자　④ 외자

맞아요. ③번 독자예요. 홀로 독(獨), 아들 자(子).
그러니까 아들 혼자라는 말이지요. 혼자니까 외롭겠지요?
그래서 우리말로는 '외아들'이라고 해요.
딸이 있어도 아들이 하나면 외아들이에요.
또 모자는 엄마와 아들을 말해요.
부자는 아버지와 아들을 말하고요.

子 아들 자

- **자녀**(子 女여자 녀)
  아들과 딸
- **독자**(獨홀로 독 子)
  혼자인 아들
- **모자**(母어미 모 子)
  엄마와 아들
- **부자**(父아비 부 子)
  아버지와 아들
- **양자**(養기를 양 子)
  입양하여 기르는 아들
- **암자**(庵작은 절 암 子)
  큰 절에 딸린 작은 절

3대 독자
1대 : 할아버지(외아들)
2대 : 아버지(외아들)
3대 : 나(외아들)

이렇게
3대에 걸쳐 아들이
하나뿐이라는 말이야.

아들만 제자가 될 수 있다고요? 순엉터리! 그런 게 어딨어요?
그런데 왜 '제자'에 아들 자(子)를 썼을까요?
그건 '자'가 사람을 가리키는 말이기 때문이에요.
제자는 가르침을 받는 아랫사람을 뜻해요.
그럼 공자님, 맹자님의 '자'도 혹시? 맞아요. 하지만 이때는
'스승이 될 만한 사람'을 높여 부르는 말로 쓰였지요.
이제 빈칸을 채우면서 '자'의 쓰임을 생각해 볼까요?
여성인 사람은 여자, 남성인 사람은 남□,
어린아이는 동□라고 해요. 동자라는 말을 처음 듣는다고요?
에이, 거짓말. 옥동자 몰라요?
옥동자는 보석처럼 예쁘고 귀한 아이라는 말이잖아요.

여기서 퀴즈! 어질고 점잖은 사람을 뭐라고 할까요? (　　)

① 불자　　② 군자　　③ 영자

불자? 땡! 불자는 불교를 믿거나
그 가르침을 따르는 사람을 말해요.
정답은 ②번, 군자예요.
공자, 맹자 같은 사람을 성인군자라고도 하잖아요.
그럼, 영자는요? 사람 이름이에요.

子 사람 자

- **제자**(弟아우 제 子)
  가르침을 받는 아랫사람
- **여자**(女여자 여 子)
  여성인 사람
- **남자**(男남자 남 子)
  남성인 사람
- **동자**(童아이 동 子)
  어린아이
- **옥동자**(玉보석 옥 童子)
  보석같이 귀한 아이
- **불자**(佛부처 불 子)
  부처를 따르는 사람
- **군자**(君어질 군 子)
  어질고 점잖은 사람

영자, 순자, 미자

일본에서는 작고 귀여운 여자 아이 이름 뒤에 '자(子)'를 붙였어요. 그래서 일제 시대에 태어나신 할머니들 성함에 '자'가 많은 거예요.

子 물건 자

- 모자(帽모자 모 子)
- 과자(菓과자 과 子)
- 상자(箱상자 상 子)
- 의자(椅의자 의 子)
- 주전자(酒술 주 煎데울 전 子) 술이나 물을 데우거나 담을 때 쓰는 물건

머리에 쓰는 모자는 모자(帽子)예요. 어머니와 아들을 뜻하는 말은 모자(母子)고요. 소리는 같지만 한자가 다르니 기억하세요.
그런데 머리에 쓰는 모자에는 왜 '자'가 붙었을까요?
이건 물건에 붙이는 '자'거든요.
친구들이 아주 좋아하는 과자,
물건을 담는 상자, 교실에서 앉는 의자,
물을 담을 수 있는 주전자!
모두모두 물건을 나타내는 '자'가 붙은 말이죠.

이런 뜻도 있어요

세상은 눈에 보이지 않는 작은 알갱이들로 이루어져 있대요.
이것을 원자, 분자라고 해요.
원자는 세상을 이루는 기본 알갱이, 분자는 아주 작게 쪼개진 알갱이를 뜻해요.
자(子)에는 이렇게 '알갱이'란 뜻도 있어요.

- **원자**(原근원 원 子) 세상을 이루는 기본 알갱이
- **분자**(分나눌 분 子) 아주 작게 쪼개진 알갱이

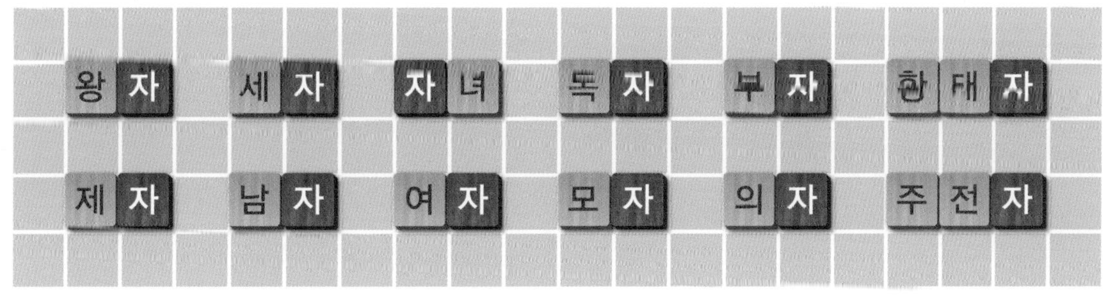

씨글자 블록 맞추기

- 왕자
- 왕세자
- 세자
- 황태자
- 자녀
- 독자
- 모자(母子)
- 부자
- 양자
- 암자
- 제자
- 여자

1 공통으로 들어갈 한자를 따라 쓰세요.

모 / 세 / 황 태 — 옥 동 — 子 (아들 **자**) — 주 선 — 남 / 여 / 모

2 어떤 낱말에 대한 설명인지 쓰세요.

1) 어질고 점잖은 사람 → ☐☐
2) 엄마와 아들 → ☐☐
3) 세상을 이루는 기본 알갱이 → ☐☐
4) 큰 절에 딸린 작은 절 → ☐☐
5) 가르침을 받는 아랫사람 → ☐☐

3 알맞은 낱말을 찾아 문장을 완성하세요.

1) 나는 외아들로 귀하게 자란 3대 ☐☐(이)야.
2) 우리나라에서 태어난 ☐☐은(는) 병역의 의무가 있어.
3) 이사할 때는 물건을 ☐☐에 담아 옮겨야 해.
4) 옛날에는 아들이 없으면 입양하는 ☐☐을(를) 들였대.
5) 받아쓰기 100점을 맞으면 엄마가 맛있는 ☐☐을(를) 사 주신대.

4 문장에 어울리는 낱말을 골라 ○표 하세요.

1) 어질고 점잖은 사람을 (군자 / 부자)라고 해.

2) 직접 낳지는 않았지만, 입양해서 키운 아들은 (독자 / 양자)지.

3) (분자 / 원자)는 세상을 이루는 기본 알갱이야.

4) 깊은 산속에는 큰 절에 딸린 작은 절인 (암자 / 상자)가 있어.

5) 임금의 아들 중에서 왕이 될 세자(왕자)는 (황태자 / 왕세자)야.

5 다음 중 임금의 아들을 나타내는 말이 <u>아닌</u> 것을 고르세요. (　　)

① 왕자　　② 세자　　③ 왕세자　　④ 왕녀

6 그림을 보고, 빈칸에 들어갈 알맞은 낱말을 쓰세요.

남자
동자
옥동자
불자
군자
모자(帽子)
과자
상자
의자
주전자
원자
분자

위 그림의 빈칸에 들어갈 말은 뭘까요? (　　)

① 내일　② 라면　③ 생일　④ 아기

그래요, 답은 ③번, 생일이에요. 생일은 세상에 태어난 날이지요. 태어난다는 건 엄마 배 속에 있다가 밖으로 나오는 거니까 출생이라고 한답니다.

나이와 생일을 한 번에 알 수 있는 말은 무엇일까요? (　　)

① 좋아하는 노래　② 집 전화번호　③ 집 주소　④ 생년월일

정답은 ④번, 생년월일. 잘 맞혔겠죠?
내가 태어난 해, 달, 날을 생년월일이라고 해요.

어제 귀여운 막냇동생이 태어났어요.
새로 태어난 아이를 신생아라고 해요.
쉬운 말로는 갓난아이죠.

生 태어날 생

- **생일**(生 日날 일)
  세상에 태어난 날
- **출생**(出날 출 生)
  엄마 배 속에서 밖으로 나와 태어남
- **생년월일**
  (生 年해 년 月달 월 日날 일)
  태어난 해·달·날짜
- **신생아**(新새 신 生 兒아이 아)
  새로 태어난 아이, 갓난아이

빈칸에 들어갈 말은 무엇일까요? (　　)

① 야식　② 야구　③ 야생　④ 야단

정답은 ③번이에요! 야생(野生)은 산이나 들 같은 자연에서 저절로 나서 살아간다는 말이에요.
자연에서 태어나서 살아가는 말은 야생마예요.
야생마는 길이 안 들어서 성격이 사납고 거칠어요.
야생마처럼 자연에서 저절로 나서 살아가는 동물을 야생 동물이라고 해요.
야생하는 것은 또 있어요.
자연에서 저절로 나서 자라는 꽃은 야생화예요.
들에서 자라니까 들꽃이라고도 하지요.
야생화처럼 자연에서 나서 자라는 식물은 야생 식물이겠죠.

野	生
들 야	날 생

산이나 들 같은 자연에서 저절로 나서 살아감

- **야생마**(野生 馬말 마)
  야생하는 말
- **야생 동물**
  (野生 動움직일 동 物)
  야생하는 동물
- **야생화**(野生 花꽃 화)
  야생하는 꽃
- **야생 식물**
  (野生 植심을 식 物물건 물)
  야생하는 식물

어떤 일이 일어날 때도 생(生) 자를 써요.
뉴스에서 이런 말 많이 들어 봤지요?
"사건은 어제 저녁 7시쯤 발생했습니다."
발생은 사고나 사건이 일어날 때 쓰는 말이에요.
'교통사고가 발생하다', '실종 사건이 발생하다' 라는 식으로 말이죠.

生	날 생

- **발생**(發일어날 발 生)
  사건이나 사고가 일어남

하하, 그게 아니에요. 생포는 살아 있는 채로 잡는 걸 말해요.
이때 생(生)은 '살다', '살아 있다'는 뜻이지요.

자, 살아 있는 동물이나 식물에게는 무엇이 있는 걸까요? ( )

① 생명 ② 생수 ③ 생선 ④ 생쥐

정답은 ①번, 생명이에요. 동물이나 식물이 숨을 쉬고 살아갈 수 있게 해 주는 힘이 바로 생명이지요.
생명을 가진, 살아 있는 것들은 생물이라고 불러요.

그럼 책상이나 지우개처럼 생명이 없는 것들은요? ( )

① 무생물 ② 무김치 ③ 파김치 ④ 무나물

맞아요, 생명이 없는 것들은 무생물이라고 하지요.
생물이 아니라는 뜻이에요.
생물과 무생물은 생명이 있는가 없는가로 구별할 수 있겠죠.

生 살아 있을 생

- **생포**(生 捕잡을 포)
살아 있는 채로 잡다
- **생명**(生 命목숨 명)
살아 있는 목숨
- **생물**(生 物물건 물)
살아 있는 것
- **무생물**(無아니 무 生物)
생물이 아님, 살아 있지 않은 것

생존자

큰 사고가 나면 많은 사람이 죽거나 다쳐요. 그때 살아남은 사람을 생존자라고 불러요. '생존(生 存남을 존)'은 살아남는다는 말이에요. 여기에 사람 자(者)가 붙은 '생존자'는 살아남은 사람이고요.

이런 말도 있어요

눈앞에 있는 듯 또렷할 때 생생하다라고 말해요.
살아 있는 것 같은 느낌이 들 때 쓰는 말이에요.
오래전 일들이 또렷하게 기억날 때도 "마치 어제 일인 것처럼 생생하다."라고 말하지요.

담근 지 얼마 안 된 김치를 뭐라고 부를까요? (　　)

① 신 김치　　② 생김치　　③ 산김치

정답은 ②번! 막 담가서 아직 익지 않은 김치를 생김치라고 해요.
생쌀, 생고구마, 생닭 모두 익히거나 굽지 않은 것을 말하지요.
여기서 생(生)은 익지 않은 날것, 익히지 않은 날 음식을 뜻해요.
다음 빈칸을 채워 볼까요?
채소를 익히지 않고 날로 무치면 □채,
소금에 절이거나 말리지 않은 물고기는 □선,
이렇게 익히지 않은 음식들만 골라서 먹으면 □식이에요.
'날것'을 뜻하는 '생'은 꼭 음식에만 쓰는 건 아니에요.
생머리는 어떤 머리일까요?
살아 있는 머리? 아니에요. 자란 그대로의 머리를 말해요.
그럼 '생방송'은요? 미리 찍어 두었다가 내보내는 게 아니라,
찍으면서 바로 방송하는 게 생방송이에요.

生 날것 생

- **생(生)김치**
  막 담가서 익지 않은 김치
- **생채(生 菜야채 채)**
  날로 무친 야채
- **생선(生 鮮물고기 선)**
  절이거나 말리지 않은 물고기
- **생식(生 食먹을 식)**
  익히지 않은 음식만 먹는 것
- **생(生)머리**
  자란 그대로의 머리
- **생방송**
  (生 放놓을 방 送보낼 송)
  찍으면서 바로 내보내는 방송

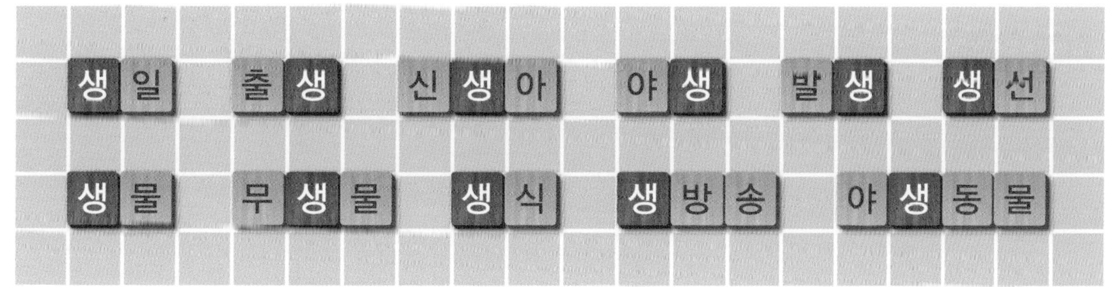

생일
출생
생년월일
신생아
야생
야생마
야생 동물
야생화
야생 식물
발생

1 공통으로 들어갈 한자를 따라 쓰세요.

2 어떤 낱말에 대한 설명인지 쓰세요.

1) 세상에 태어난 날 → □□

2) 갓난아이 → □□□

3) 산이나 들 같은 자연에서 저절로 나서 살아감 → □□

4) 살아 있는 것 → □□

5) 파마하지 않은, 자란 그대로의 머리 → □□□

3 알맞은 낱말을 찾아 문장을 완성하세요.

1) 여기는 교통사고가 자주 □□하는 곳이니까 조심하세요.

2) 막내가 태어났으니, 내일은 동사무소에 가서 □□신고를 해야겠어요.

3) 여기부터는 □□ □□ 보호 구역이므로 차가 들어갈 수 없어요.

4) 지리산 반달곰 □□ 작전에 투입된 사람은 총 10명이다.

5) 어제 비행기 사고에서 살아남은 □□□이(가) 5명도 안 된대.

4 문장에 어울리는 낱말을 골라 ○표 하세요.

1) 세상에 태어난 것을 축하하며 미역국을 먹는 날은 (생일 / 야생)이야.

2) "비행기 추락 사건은 오늘 아침 10시에 (발생 / 발발)했습니다."

3) 자연에서 태어나서 살아가는 (야생화 / 야생마)는 성격이 거칠대.

4) 나는 익히지 않은 (생고구마 / 구운 고구마)가 좋아!

5) 살아 있는 목숨을 (생물 / 생명)이라고 해.

5 그림을 보고, 야생 상태에 있는 것을 고르세요. (　　)

① 

② 

③ 

④ 

6 그림을 보고, 빈칸에 들어갈 알맞은 낱말을 쓰세요.

이 아기는 2024년 12월 1일에 태어났어요.

→ 매년 12월 1일은 아기의 □□ 입니다.

생포
생명
생물
무생물
생존자
생생하다
생김치
생채
생선
생식
생머리
생방송

신나는 생일잔치

日 날 일

- **백일**(百 백 백 日)
  태어나서 백 번째로 맞는 날
- **생일**(生 날 생 日)
  태어난 날

아기가 태어나서 백 번째로 맞는 날이 백일이에요.
당연히 백일은 태어나서 딱 한 번만 있겠죠?
내가 태어난 날은 내 생일이에요.
생일은 일 년에 한 번씩 해마다 돌아와요.
이렇게 끝에 일(日)이 붙으면
'무슨 날'이라는 뜻이에요.
시험을 보는 날은 시험일이잖아요.

🔔 태어나서 맞는 첫 번째 생일은 '돌'이라고 해요. '일'이 들어가지는 않지만 특별한 날이지요.

달력에도 일이 있네요?
빨간색 '일(日)'은 일요일이에요.
일요일에서 하루가 지나면 월요일,
월요일에서 하루가 지나면
화요일이죠.
이렇게 일(日)은 '하루'를
나타내기도 해요.
오늘 하루는 '오늘 금' 자를 써서 금일이라고 해요.
다가오는 하루는 내일이고요.
그다음 날은 모레지요.

日 하루 일

- **금일**(今오늘 금 日)
  오늘 하루
- **내일**(來올 래 日)
  다가오는 하루

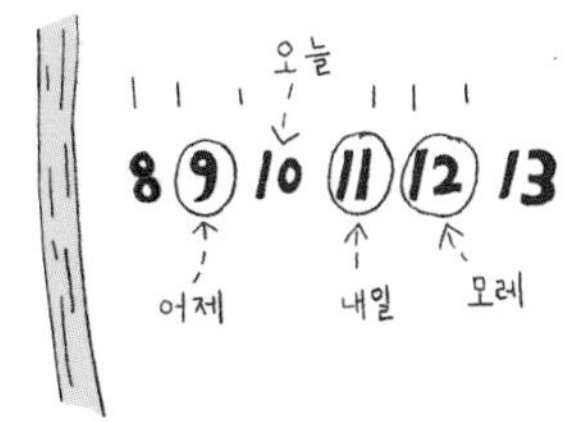

日 날마다 일

- **일기**(日 記적을 기)
  날마다 적음
- **일기장**(日 記 帳책 장)
  일기를 쓰는 공책
- **일간지**
  (日 刊펴낼 간 紙종이 지)
  날마다 펴내는 신문

미리 쓰는 일기는 없지요?
일기는 날마다 적는다는
뜻이거든요
일(日)에는 이렇게
'날마다'라는 뜻도 있어요.
일기를 쓰는 공책은 일기장,
날마다 펴내는 신문은 일간지에요.

주기는 일주일에 한 번 쓰는 것을 말해요.

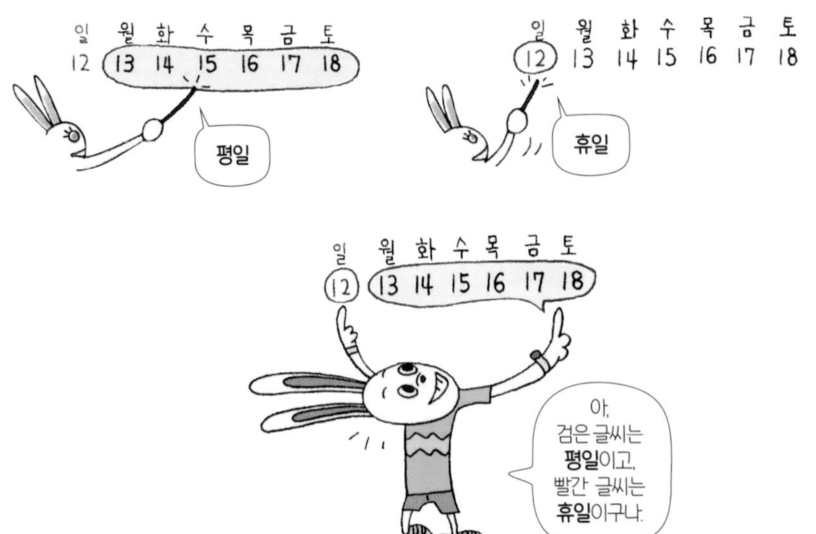

日	날 일

- **평일**(平 보통 평 日)
보통의 날
- **기념일**
(記 기억할 기 念 생각 념 日)
어떤 일을 기억하고 생각하는 날
- **국경일**
(國 나라 국 慶 축하할 경 日)
온 나라가 축하하는 날

휴일(休日)은 쉬는 날이에요. 공휴일은 모두 함께 쉬는 날이지요.
평일은 휴일이 아닌 보통의 날을 말해요.
평일에 우리들은 학교에 가고, 부모님들은 일하러 가시잖아요.
기념일은 어떤 일을 기억하고 생각하는 특별한 날을 말해요.
내 생일도 기념일, 학교의 개교일도 기념일이죠.
기념일 중에는 특별히 나라에서 법으로 정한 날도 있어요.
온 나라가 다 함께 축하하고 기념하는 날이지요.

🔔 우리나라 국경일은 삼일절, 제헌절, 광복절, 개천절, 한글날이에요.

나라에서 법으로 정하여 기념하는 날을 뭐라고 할까요? (　　)

① 국경일　② 국민일　③ 기념일　④ 평일

정답은 ①번, 국경일이에요.

休	日
쉴 휴	날 일
쉬는 날	

- **공휴일**(公 함께 공 休日)
모두가 함께 쉬는 날

🔔 휴일이 아닌 국경일도 있어요. 삼일절은 국경일이고 휴일이에요. 하지만 제헌절은 국경일이어도 휴일은 아니에요.

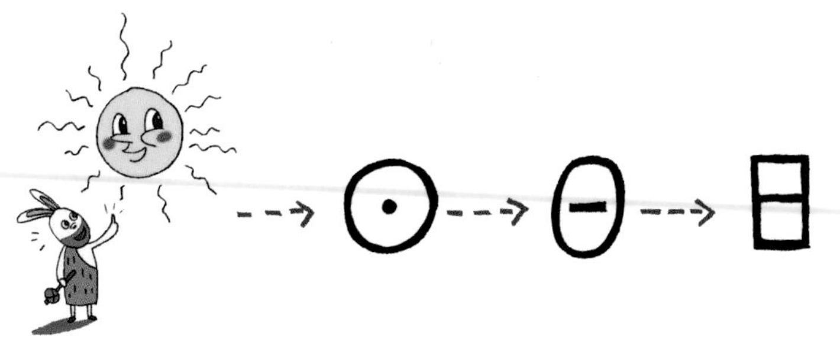

日 해 일

- **일출**(日 出 날 출)
  해가 떠올라 나옴
- **일몰**(日 沒 가라앉을 몰)
  해가 져서 가라앉음
- **일광욕**(日 光 빛 광 浴 목욕 욕)
  햇빛으로 하는 목욕
- **종일**(終 끝날 종 日)
  해가 떠 있는 동안

어, 해가 일(日)로 변했네요!
일(日)은 원래 해 모양을 본떠 만든 글자예요.
그래서 일은 '해'를 나타내기도 해요.
새로 배운 '일(日)'의 뜻을
생각하며 아래 빈칸을 채워 볼까요?
해가 떠올라 나오는 것은 □출,
해가 져서 가라앉는 것은 □몰이지요.
목욕은 머리를 감고 몸을 씻는 거지요.
그럼 햇빛으로 하는 목욕은 뭘까요?
맞아요, 일광욕이에요.

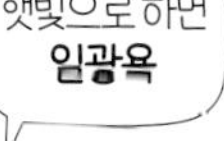

이런 말도 있어요

일(日)은 해가 떠 있는 동안을 나타내기도 해요.
그래서 '종일 일했다'는 낮 시간이 끝나도록 일을 했다는 말이에요. 종일은 이렇게 아침부터 해가 질 때까지를 뜻해요. 비슷한 말로는 온종일, 진종일이 있지요.

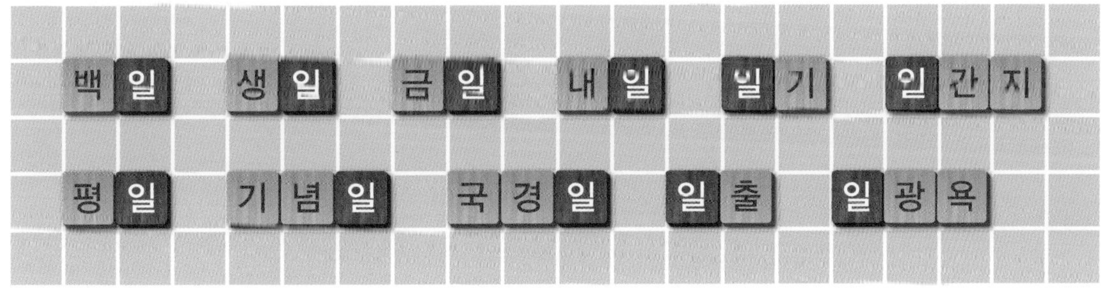

씨글자 블록 맞추기

백일
생일
금일
내일
일기
일기장
일간지
평일
기념일

1 공통으로 들어갈 한자를 따라 쓰세요.

생 / 백 / 금 — 국 경 — 日 (날 일) — 광 욕 — 기 / 기 장 / 간 지

2 어떤 낱말에 대한 설명인지 쓰세요.

1) 백 번째로 맞는 날 → □□
2) 다가오는 하루 → □□
3) 어떤 일을 기억하고 생각하는 날 → □□□
4) 해가 져서 가라앉는 것 → □□
5) 해가 떠 있는 동안 → □□

3 알맞은 낱말을 찾아 문장을 완성하세요.

1) 제헌절은 □□□(이)라서 태극기를 달아야 해.
2) 늦잠을 자서 해가 뜨는 □□을(를) 보지 못했어.
3) 월요일은 □□(이)지만, 개교기념일이라서 학교에 안 가.
4) 오늘 짱구 동생 짱아가 맞는 첫 □□(이)라 돌잔치를 해요.
5) 매일매일 써야 하는 □□ 숙제는 너무 싫어!

4 **문장에 어울리는 낱말을 골라 ○표 하세요.**

1) 어제는 동생이 태어난 지 (생일 / 백일)이 되어 백일 떡을 먹었어.

2) 나라에서 법으로 정해 축하하고 기념하는 날은 (기념일 / 국경일)이야.

3) 햇빛으로 하는 목욕은 (일광욕 / 해수욕)이야.

4) 사람들은 새해 첫날 (일출 / 일몰)을 보기 위해 동해안에 많이 가.

5) 날마다 펴내는 신문은 (월간지 / 일간지)야.

5 **빈칸에 들어갈 알맞은 낱말을 고르세요. (   )**

어제 – 오늘 – □□ – 모레

① 매일 ② 내일 ③ 종일 ④ 일일

6 **빈칸에 알맞은 낱말을 써서 대화를 완성하세요.**

"너 그렇게 차려입고 어디 가니?"

"오늘 내 사촌동생의 첫 번째 1) □□□ 이야."

"그럼, 돌잔치야?"

"아니, 이제 태어난 지 백일 되었어."

"아, 2) □□ 잔치에 가는구나."

국경일

휴일

공휴일

일출

일몰

일광욕

종일

온종일

진종일

하루 24시간 모두 어린이날

대단한 감자 군! 어린이날은 5월 5일 모두를 말하니까, 아직 1시간 남았다는 감자 군의 말이 맞기는 해요. 5월 4일 밤, 열두 시 땡 하면 어린이날이 시작되지요? 5월 5일 밤, 열두 시 땡 하면 어린이날이 끝나는 거고요.

그럼 어린이날은 모두 몇 시간일까요? (　　)

① 스물두 시간　　② 스물세 시간　　③ 스물네 시간

날을 잡다

특별한 일을 할 날을 정하다

맞아요, 스물네 시간이에요. 스물네 시간을 묶어서 날이라고 해요. 다른 말로 '하루'라고도 하지요. 특별한 일을 할 날을 정하는 것은 날을 잡다라고 말해요. 달력을 보고 어느 날에 무엇을 할지 정하는 거지요. 어떻게 쓰이는지 빈칸을 채우며 알아볼까요?

언제 소풍 가지? 우리 반 소풍 가는 □.

언제 이사하지? 우리 집 이사하는 □.

언제 시험 보지? 학교 시험 보는 □.

하하, 둘이 똑같은 얘기를 하고 있어요.
날이 밝다와 날이 새다는 같은 말이에요. 해가 떠서 환해진다는 말이지요. 잠깐! 해는 어느 쪽에서 뜰까요? 동쪽이지요.
그래서 동이 트다도 해가 뜨는 걸 뜻하는 말이에요.

다음 중 뜻이 다른 말을 하나 찾으세요. (　　)

① 날이 밝다　② 날이 새다　③ 동이 새다　④ 동이 트다

하하, 너무 쉽지요? 정답은 ③번이에요.
날이 밝았으면 어두워지기도 하겠죠? 해가 져서 어두워지는 것을 날이 저물다라고 해요. 이렇게 날은 해가 떠서 환한 시간을 뜻하기도 해요. '낮'을 가리키는 말로 쓰이는 거죠.

해가 나고 맑은 날은 날이 좋다라고 말해요.
흐리거나 비가 오다가 날이 좋아지면
날이 개다라고 하잖아요.
안 좋던 날씨가 좋아졌다는 말이지요.
이렇게 날은 '날씨'를 뜻하기도 해요.

날
낮, 해가 떠서 환한 시간

- **날이 밝다**
해가 떠서 환해지다
- **날이 새다**
해가 떠서 환해지다
- **동(東 동쪽 동)이 트다**
해가 뜨다
- **날이 저물다**
해가 져서 어두워지다

저물다
날이 저물면 하루가 거의 끝나 가는 거예요. 그래서 계절이나 한 해가 끝나 갈 때도 '저물다'라는 말을 쓰죠. '가을이 저물다', '한 해가 저물다', 이렇게 말이에요.

날
날씨

- **날이 좋다**
날씨가 좋다, 맑다
- **날이 개다**
안 좋던 날씨가 좋아지다

24시간이 모여서 '날'이 되었어요. 그럼 날들이 모이면 무엇이 될까요? 그래요, 달이에요. '달'에는 두 가지가 있어요. 1월이나 3월처럼 31일까지 있는 달은 큰달, 2월이나 4월처럼 31일이 안 되는 달은 작은달이라고 불러요. 그런데 큰달인지 작은달인지 어떻게 알까요? 자, 주먹 쥐고 알아보면 돼요.

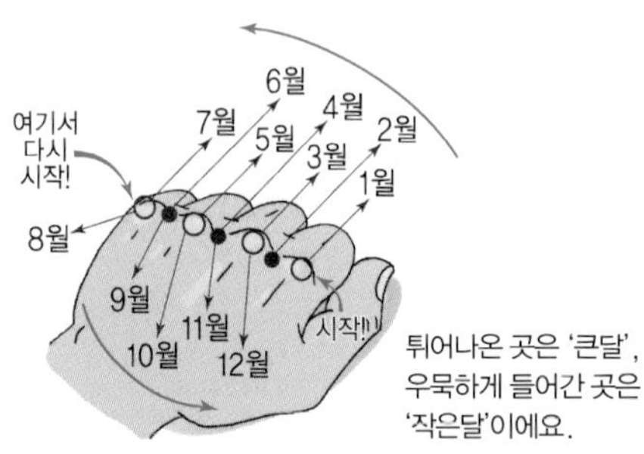

음력 11월은 동짓달이라고 해요. '동짓날'이 들어 있거든요. 동짓날은 일 년 중에서 해가 떠 있는 시간이 가장 짧은 날을 말해요. 그리고 음력 12월은 섣달이라고 부르지요.

그럼 동짓달과 섣달은 어느 계절을 말할까요? (　　)

① 봄　　② 여름　　③ 가을　　④ 겨울

맞아요. ④번, 겨울이에요. 양력으로는 12월과 1월이니 한창 추울 때지요. 동짓달과 섣달을 합친 말이 '동지섣달'이에요. 동지섣달은 아주 추운 한겨울을 뜻해요.

이런 말도 있어요

'그믐날'은 그 달의 마지막 날,
'섣달'은 음력으로 마지막 달,
섣달그믐날은 음력으로 일 년의 제일 끝인 셈이에요.

달

일 개월, 어떤 달

- **큰달**
  한 달이 31일인 달
- **작은달**
  한 달이 31일이 안 되는 달
- **동짓달**
  음력 11월, 동짓날이 들어 있는 달
- **섣달**
  음력 12월
- **동지섣달**
  동짓달, 섣달을 함께 부르는 말

해

일 년, 어떤 해

- **새해**
  새로 시작되는 해
- **올해**
  이번 해
- **다음 해, 이듬해**
  올해 다음 해, 바로 다음의 해
- **지난해, 묵은해**
  지나간 해
- **해묵다**
  해를 넘기어 오래되다

날이 모여서 달이 되고, 달이 열두 개 모이면 한 해가 돼요.
우리는 한 해에 한 살씩 나이를 먹어요. 한 해는 '일 년'과 같은 말이에요. 빈칸을 채우며 '해'가 들어가는 말을 알아볼까요?
한 해가 다 지나고 새로 시작되는 해는 새□,
이번 겨울은 올겨울, 이번 방학은 올 방학, 이번 해는 올□,
올해 다음에 오는 해는 다음 해, 또는 이듬□,
새해가 오기 전에 지나간 해는 지난□라고 해요.
지난해는 묵은해라고도 부르지요.
해를 넘겨 오래되면 해묵다라고 하잖아요.
의견 다툼이 오래되면 해묵은 논쟁이고,
미워하고 분한 마음이 오래되면
해묵은 원한이지요.

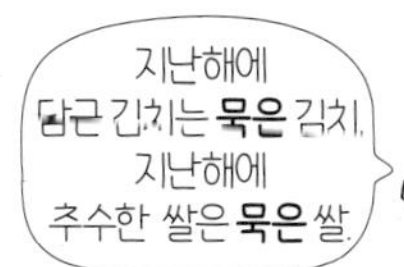

이런 말도 있어요

'햇'이 붙으면 그해에 새로 난 것들을 말해요. 그해에 새로 난 곡식은 햇곡식, 그해에 새로난 과일은 햇과일이지요. 그럼 그해에 새로 난 쌀은? 햅쌀이라고 해요.

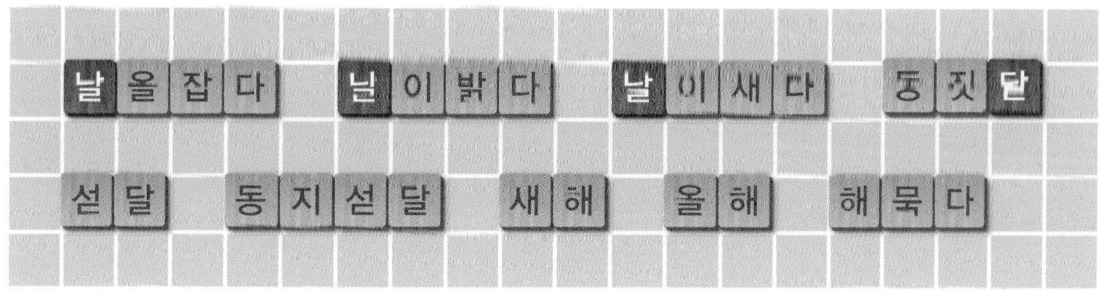

씨글자 블록 맞추기

날을 잡다
날이 밝다
날이 새다
동이 트다
날이 저물다
날이 좋다
날이 개다
큰달
작은달
동짓달
섣달
동지섣달
섣달그믐날

1 공통으로 들어갈 낱말을 쓰세요.

- 새해 첫□에는 떡국을 먹어야지.
- □이 저물어서 밖이 어둡구나.
- 올겨울은 □이 무척 차다.

→ □

2 어떤 낱말에 대한 설명인지 쓰세요.

1) 특별한 일을 할 날을 정하다. → □을 잡다.

2) 해가 져서 어두워지다. → □이 저물다.

3) 음력 12월 → □□

4) 이번 해 → □□

5) 한 달이 31일 안 되는 달 → □□□

3 알맞은 낱말을 찾아 문장을 완성하세요.

1) 잔뜩 낀 구름이 걷혀서 □□ □□.

2) 이번 달은 31일까지 있으니 □□(이)네요.

3) 학교에 들어간 □□□부터 성격이 눈에 띄게 밝아졌어요.

4) 새해에는 □□□ 원한은 훌훌 털어 버리는 게 좋아요.

5) □□□까지는 유치원생이었지만, 올해는 초등학생이에요.

4 문장에 어울리는 낱말을 골라 ○표 하세요.

1) (새해 / 묵은해) 첫날에는 떡국을 먹어야지.

2) 음력으로 일 년의 제일 마지막 날은 (섣달 / 동짓달) 그믐날이야.

3) 삼촌은 결혼을 하려고 날을 (세었다 / 잡았다).

4) 해가 져서 어두워지는 것을 날이 (개다 / 저물다)라고 해.

5) 추석에는 그해에 새로 난 (햅쌀 / 묵은쌀)을 먹을 수 있어.

5 두 친구가 무엇을 하고 있는지 알맞은 문장을 고르세요. (   )

① 날을 잡다.
② 날을 보내다.
③ 날을 세다.
④ 날을 새다.

6 밑줄 친 부분의 뜻이 다른 하나를 고르세요. (   )

① 추석에는 햇과일이 풍성합니다.
② 햅쌀로 지은 밥이라서 참 맛있어요.
③ 햇곡식에는 여러 가지 영양소가 듬뿍 들어 있습니다.
④ 우산은 비를 가릴 때, 양산은 햇볕을 가릴 때 씁니다.

새해
올해
이듬해
다음 해
지난해
묵은해
해묵다
햇곡식
햇과일
햅쌀

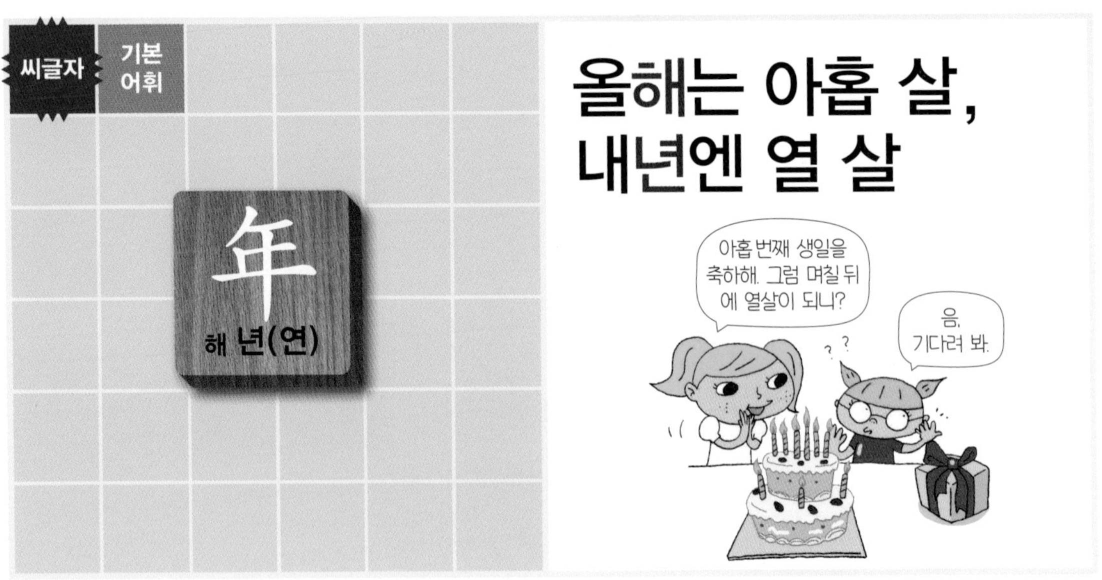

씨글자 기본 어휘

올해는 아홉 살, 내년엔 열 살

年
해 년(연)

아홉 번째 생일을 축하해. 그럼 며칠 뒤에 열살이 되니?
음, 기다려 봐.

한 살을 더 먹으려면 1년을 기다려야 해요.
1년은 365일이 모여서 이루어져요.
달로 치면 열두 달이 모여야 1년이 되지요.
날짜를 적을 때도
년(年)을 써요.
12월 25일은 해마다
돌아오니까 어느 해인지를
분명히 하지 않으면
헷갈리겠죠?
이럴 때 쓰는 말이
'연도'지요.
2025년도에서 한 해 전은 202□년,
2025년도에서 한 해 뒤는 202□년.
연도는 이렇게 365일씩 묶어진 시간을 세는 단위를 말해요.
'년'이 낱말의 앞에 나올 때는 '연'으로 바뀐다는 것 알아두세요.
'년도'가 아니라 '연도'지요.

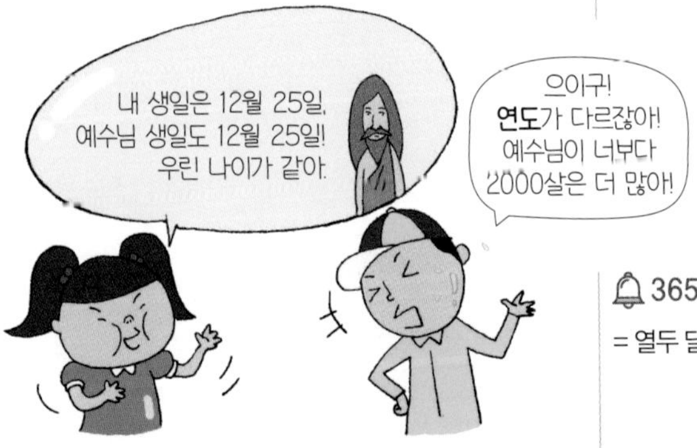

내 생일은 12월 25일, 예수님 생일도 12월 25일! 우린 나이가 같아.
으이구! 연도가 다르잖아! 예수님이 너보다 2000살은 더 많아!

年 해 년(연)

- **연도**(年 度단위 도)
해를 헤아리는 단위

365일
= 열두 달 = 1년

□ 안에 공통으로 들어갈 말은 무엇일까요? (　　)

일 년 = 한 □ = 365일

이 년 = 두 □ = 365일 + 365일

삼 년 = 세 □ = 365일 + 365일 + 365일

① 해　　② 날　　③ 명　　④ 돌

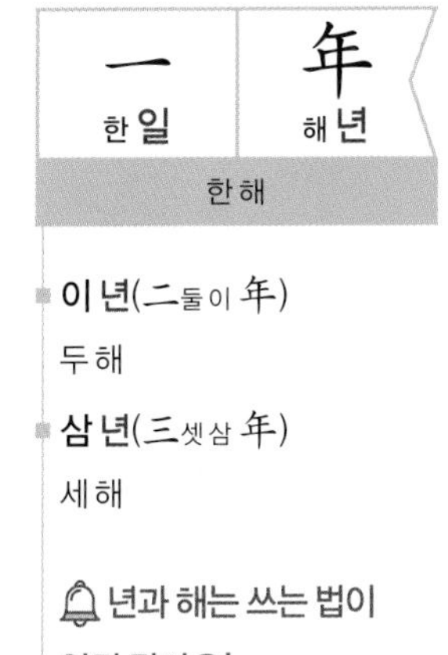

이 년(二 둘 이 年)
두 해

삼 년(三 셋 삼 年)
세 해

년과 해는 쓰는 법이 약간 달라요!
일 년(○), 일 해(×)
2025년(○), 2025해(×)

정답은 ①번, 해가 맞아요.

년(年)은 한자어잖아요? 년을 우리말로는 해라고 부르거든요.

년과 해를 써서 뜻이 같은 말을 더 찾아볼까요?

빈칸을 채워 보세요.

지난□　　올□　　다음 □

작□　　금□　　내□

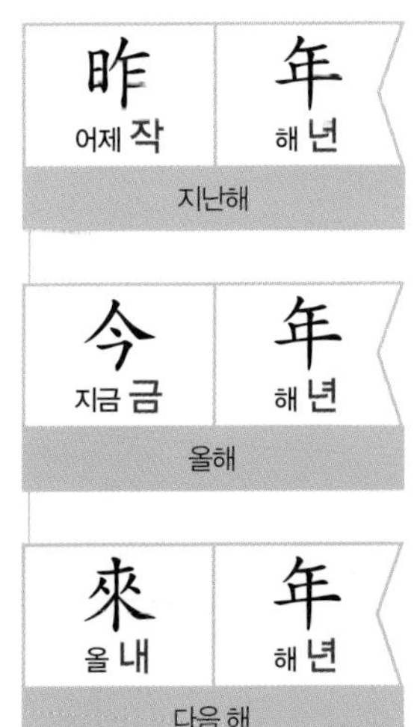

지난해는 작년(昨年),

올해는 금년(今年),

다음 해는 내년(來年)이에요.

지나간 시간에서 다음 해를 말할 때는 이듬해라고 해요.

그러니까 친구들은 학교에 입학한 '이듬해'에 2학년이 된 거죠.

이때 '내년'이라고 하면 좀 어색하지요?

'해'를 빼고 이렇게 줄여서 쓸 수도 있어요.

지난해 → 지난, 올해 → 올, 이듬해 → 이듬.

지난해 가을은 지난가을, 올해 여름은 올여름이라고도 써요.

이듬해
지나간 시간에서 다음 해

이듬은?
옛날에는 논밭을 두 번째 가는 것을 뜻하는 말이에요. 올해 논밭을 갈았으면, 두 번째 가는 것은 다음 해가 되겠죠? 그래서 '이듬'이 바로 다음 해를 뜻하게 된 거예요.

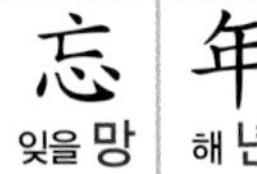

하하. 망년회의 '망'은 망했다는 말이 아니에요.
망년회(忘年會)는 그해에 있었던 힘든 일은 모두 잊고,
새롭게 출발하기로 다짐하는 모임이거든요.
하지만 일본식 표현이니까 송년회(送年會)라고 하는 게 좋아요.
한 해를 보내는 모임이라는 뜻이지요.

그럼 송년회는 언제 하는 걸까요? (　　)

① 한 해가 시작될 때　　② 여름 휴가철에
③ 봄이 올 때　　④ 한 해가 끝날 때

정답은 ④번. 한 해가 끝날 무렵에야 그해를 보낼 수 있겠죠?
년(年)의 뜻을 생각하며
빈칸을 채워 볼까요?
한 해가 끝나는 때는 □말,
한 해가 시작되는 때는 □시,
합쳐서 '연말연시'가 되는 거죠.
'연말'은 혼자서도 쓰이지만,
'연시'는 혼자서는 쓰이지 않아요.
년(年)은 어떤 해였는지 나타낼 때도 쓰여요.
곡식이 잘 자라 수확이 많은 해는 풍□,
농작물이 잘 자라지 않아 수확이 나쁜 해는 흉□이에요.

忘	年	會
잊을 망	해 년	모임 회

한 해의 일을 잊는 모임

送	年	會
보낼 송	해 년	모임 회

한 해를 보내는 모임

年	末
해 연	끝 말

한 해가 끝날 때

年	始
해 연	시작할 시

한 해가 시작되는 때

豊	年
풍성할 풍	해 년

수확이 풍성한 해

凶	年
나쁠 흉	해 년

수확이 나쁜 해

십년감수
(十 열 십 年 減 줄 감 壽 목숨 수)
목숨이 10년이나 줄어든 느낌이 들 정도로 위험한 일을 겪었다는 말이에요.

한 해가 지나가면 누구나 먹는 게 있어요.
떡국 말고요. 뭘까요? 맞아요, 나이예요.
나이를 한자어로는 연령(年齡)이라고 해요.
높임말로는 연세라고 하지요.
여기서 년(年)은 '나이'를 뜻해요.
나이에 따라 사람을 부르는 말이 조금씩 다르다는 사실!

나이를 생각하면서 빈칸을 채워 볼까요?
어린아이는 소년, 젊은이는 청□,
아저씨나 아줌마가 되면 중□,
할아버지나 할머니는 노□.
원래는 나이를 뜻하는 말들이
그 나이가 된 사람을 부르는
말로도 쓰이게 됐어요.

年 해 년	齡 나이 령
나이	

- **연세**(年 歲나이 세)
  나이의 높임말
- **소년**(少어릴 소 年)
  어린 나이, 어린아이
- **청년**(青젊을 청 年)
  젊은 나이, 젊은이
- **중년**(中가운데 중 年)
  인생의 가운데가 되는 나이
- **노년**(老늙을 노 年)
  늙은 나이

나이가 어린 사람은?
연소자(年少者사람 자)라고도 해요.

이런 말도 있어요

한 해에 아이가 태어나고, 다음 해에 아이가 또 태어나면
연년생(年年生)이라고 해요. '연년생'끼리는 한 살 차이가 나겠지요?

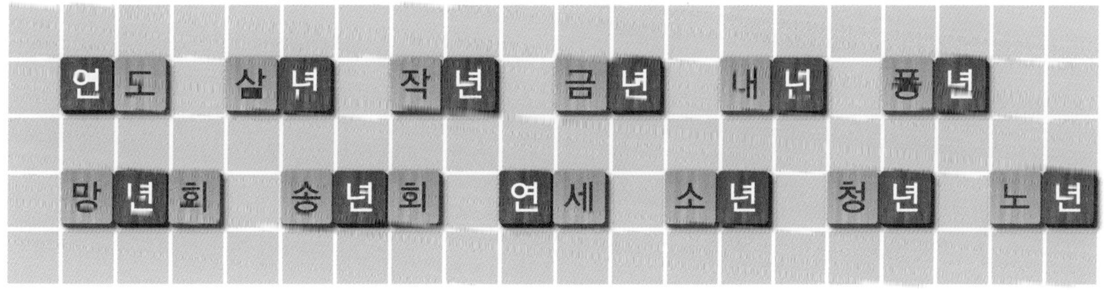

연도
일 년
이 년
삼 년
작년
금년
내년
이듬
이듬해
망년회
송년회
연말

1 공통으로 들어갈 한자를 따라 쓰세요.

작 / 금 / 내 — 망 회 — 年 — 십 감 수 — 시 / 말 / 령

해 년(연)

2 어떤 낱말에 대한 설명인지 쓰세요.

1) 해를 헤아리는 단위 → □□
2) 지난 해 → □□
3) 한 해가 시작되는 때 → □□
4) 농작물이 잘 자라지 않아 수확이 나쁜 해 → □□
5) 나이의 높임말 → □□

3 알맞은 낱말을 찾아 문장을 완성하세요.

1) □□ 이(가) 가기 전에 꼭 봉사 활동을 할 거야.
2) 12월이 되면 확실히 한 해가 끝나는 □□ 기분이 나지.
3) 내 동생과 나는 한 살 차이가 나는 □□□ 이야.
4) 올해까지만 열심히 놀고, □□ 부터는 열심히 공부할게.
5) 올 연말에 친척들이 모두 모여 □□□ 을(를) 하기로 했어.

4 **문장에 어울리는 낱말을 골라 ○표 하세요.**

1) 금년 다음엔 (내년 / 작년)이야.

2) 곡식이 잘 자라서 수확이 많은 해는 (흉년 / 풍년)이야.

3) 아저씨나 아줌마가 되는 인생의 가운데가 되는 나이는 (청년 / 중년)이야.

5 **그림을 보고, 질문의 알맞은 답을 고르세요. (　　)**

① 6살　　② 7살　　③ 8살　　④ 9살

6 **그림을 보고, 알맞은 낱말을 골라 ○표 하세요.**

1)

(흉년 / 풍년)

2)

(청년 / 노년)

연시
풍년
흉년
십년감수
연령
연세
소년
청년
중년
노년
연소자
연년생

가르쳐 주셔서 교훈을 얻었어요

이솝 우화 《양치기 소년》은 거짓말을 계속하면 진실을 말해도 믿음을 줄 수 없다는 교훈을 주고 있어요. 교훈은 '가르치다'는 뜻을 똑같이 지닌 '교(教)'와 '훈(訓)' 두 한자가 합해진 말이에요. 배우거나 본받을 만한 가르침이란 뜻이죠. 우리가 자주 쓸 수밖에 없는 말이니, 잘 익혀 두자고요!

가르칠 때는 교(教)

여러분이 매일 가는 곳은?
배우고 가르치는 학교지요.
자, 그럼 '가르칠 교(教)' 자가 들어간 학교와 관련되어 있는 낱말을 찾아보세요.
가르치고 길러 주는 것은 □육,
가르치는 데 도움이 되면 □육적이라고 해요.
가르칠 과목의 내용을 담아서 펴낸 책은 □과서,
가르치는 데 쓰이는 칠판, 분필 같은 도구는 □구,
가르치는 사람은 □사(유치원~고등학교)나 □수(대학교),

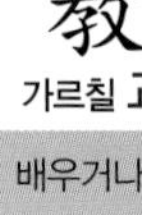

教 가르칠 교	訓 가르칠 훈
배우거나 본받을 만한 가르침	

- **학교**(學 배울 학 校 학교 교)
  배우고 가르치는 곳
- **교육**(教 育 기를 육)
  가르치고 길러 주는 것
- **교육적**(教 育 的 ~하는 적)
  가르치는 데 도움이 되는
- **교과서**(教 科 과목 과 書 책 서)
  가르칠 내용을 담아서 펴낸 책
- **교구**(教 具 갖출 구)
  가르치는 데 쓰이는 도구
- **교사**(教 師 스승 사)
  가르치는 사람
- **교수**(教 授 줄 수)
  대학에서 학생을 가르치는 사람

교사가 수업을 준비하거나 사무를 보는 방은 □무실,
교사가 가르치는 방은 □실, 가르치는 사람의 권위는 교권,
가르쳐서 기르는 것은 교양이에요.

가르칠 때는 훈(訓)

학교, 학원, 기원, 군대 등 가르치는 여러 곳에서 '가르칠 훈(訓)' 자가 들어간 낱말을 많이 써요.
옳은 몸가짐이나 바른길을 가르치는 것은 □육이고,
잘하라고 타이르고 가르치는 것은 □계이지요.
윗사람이 아랫사람에게 모르는 것을 알려 주거나 가르쳐 알게 하는 것은 □시라고 해요. 훈시는 보통 교장 선생님이 많이 하시는데, 아무래도 듣는 입장에서는 짧을수록 좋겠죠?
바둑이나 장기를 둘 때 구경하던 사람이 끼어들어 옆에서 수를 가르쳐 주는 것은 □수예요. 역시나 훈수도 눈치껏 해야겠죠?

가르침 받은 것을 되풀이하여 연습하는 것은 훈련이고요.
보통 운동선수나 군인들이 많이 받지요.
구성원들의 훈육이나 훈계를 위해서 한 가지 가르침을 정해 놓고 되도록 지키자고 하는 것도 있어요. 집에서 정한 것은 가훈, 학교에서 정한 것은 교훈이에요.

교무실(敎 務힘쓸 무 室집 실)
교사가 수업을 준비하는 방

교실(敎室)
교사가 가르치는 방

교권(敎 權권세 권)
가르치는 사람의 권위

교양(敎 養기를 양)
가르쳐서 기르는 것

훈육(訓育)
옳은 몸가짐과 바른길을 가르침

훈계(訓 戒경계할 계)
타이르고 가르침

훈시(訓 示보일 시)
모르는 것을 가르쳐 알게 함

훈수(訓 手손 수)
옆에서 수를 알려 줌

훈련(訓 練익힐 련)
가르침 받은 것을 되풀이하여 연습하는 것

가훈(家집 가 訓)
집안에서 정한 가르침

교훈(校訓)
학교에서 정한 가르침

필요한 도구는 구비해야 해

'청소 ○○, 학습 ○○'

이 낱말들의 ○○에 공통으로 들어갈 알맞은 말은 무엇일까요?

맞아요! 도구예요. 도구는 일을 더 쉽고 빠르게 하려고 쓰는 물건이지요.

그럼 필요한 도구를 갖추는 것은 뭘까요? 도구를 구비한다고 하죠. 갖추다는 뜻의 '구(具)'와 '비(備)'가 합쳐져, 있어야 할 것을 갖추고 있다는 뜻이지요.

기계나 도구를 나타내는 구(具)

집 안을 한번 둘러보세요.

일할 때 쓰는 기계나 도구를 뜻하는 '구(具)' 자가 들어 있는 물건들을 많이 볼 수 있어요.

'구(具)'에는 일하는 데 사용하는 도구의 뜻도 있거든요.

장롱이나 탁자처럼 집안 살림에 쓰는 기구는 가□,

물건을 만들거나 고치는 데 쓰는 기구는 공□,

잠자는 데 쓰는 이부자리, 베개 따위는 침□,

반지나 목걸이처럼 몸치장을 하는 데 쓰는 물건은 장신□예요.

具 갖출 구	備 갖출 비
있어야 할 것을 갖춤	

- **도구**(道 방법 도 具)
  일에 쓰는 물건
- **가구**(家 집 가 具)
  집안 살림에 쓰는 기구
- **공구**(工 장인 공 具)
  물건을 만들거나 고치는 데 쓰는 도구
- **침구**(寢 잠잘 침 具)
  잠잘 때 쓰는 이부자리, 베개 등의 물건
- **장신구**(裝 꾸밀 장 身 몸 신 具)
  몸치장을 하는 데 쓰는 물건

갖춤을 나타내는 비(備)

이제 '갖출 비(備)' 자가 들어간 낱말들을 알아볼까요?
미리 마련하여 갖추는 것은 준비,
어떤 일에 대응하기 위해 미리 준비하는 것은 대비,
필요할 때 쓰기 위해 미리 마련하여 갖추어 놓는 것은 예비라고 해요. 예비 자금, 예비 식량이라고 하잖아요.
이렇게 필요한 것을 갖추어서 어떤 곳에 두는 것은 비치예요.
청소 도구는 청소함에, 세면 도구는 화장실에 비치하지요.
만약의 경우를 대비해서 미리 돈이나 식량 등을 저축해 놓는 것은 비축이라고 해요.
준비나 대비를 미처 하지 못했을 때는 미비라고 하지요.
도난, 재난, 침략 따위를 염려하여 사고가 나지 않도록 미리 경계하고 대비하는 일은 경비예요.
경비원은 경비를 하는 사람이고요.

여기서 낱말 퀴즈!
'등산 ○○, 캠핑 ○○' ○○에 공통으로 들어갈 알맞은 낱말은 무엇일까요? 맞아요, 장비예요. 어떤 일을 할 때 갖추는 물건이지요. 적의 침입이나 산사태, 홍수 같은 재해를 막을 수 있게 대비하는 것은 방비라고 해요.
반대로 막을 준비가 되어 있지 않은 상태는 무방비지요.

- **준비**(準준할 준 備)
  미리 마련하여 갖춤
- **대비**(對대할 대 備)
  어떤 일에 대응하기 위해 미리 준비함
- **예비**(豫미리 예 備)
  필요할 때 쓰기 위해 미리 마련하여 갖추어 놓음
- **비치**(備 置둘 치)
  어떤 것을 갖추어 두는 것
- **비축**(備 蓄쌓을 축)
  만약의 경우를 대비해서 저축해 둠
- **미비**(未아닐 미 備)
  미처 준비를 못함
- **경비**(警경계할 경 備)
  미리 경계하고 대비함
- **경비원**(警備 員인원 원)
  경비하는 사람
- **장비**(裝備)
  어떤 일을 할 때 갖추는 물건
- **방비**(防막을 방 備)
  적이나 재해 따위를 막을 수 있게 대비함
- **무방비**(無없을 무 防備)
  막을 준비가 전혀 되어 있지 않은 상태

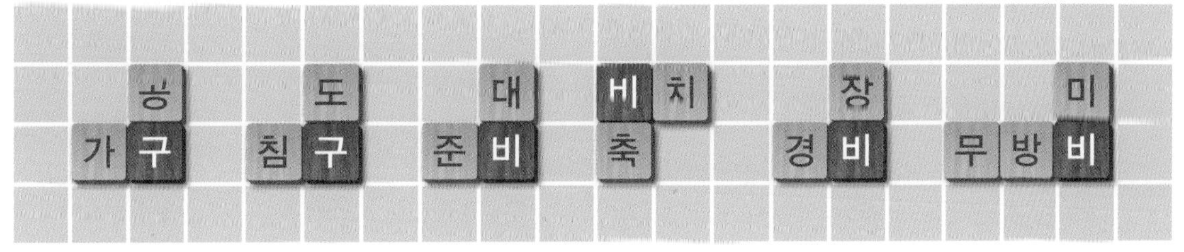

敎 訓

가르칠 교 가르칠 훈

_____월 _____일 / 정답 142쪽

교훈(敎訓)

학교

교육

교육적

교과서

교구

교사

교수

교무실

교실

교권

교양

훈육

훈계

훈시

훈수

훈련

가훈

교훈(校訓)

❶ 공통으로 들어갈 낱말을 쓰세요.

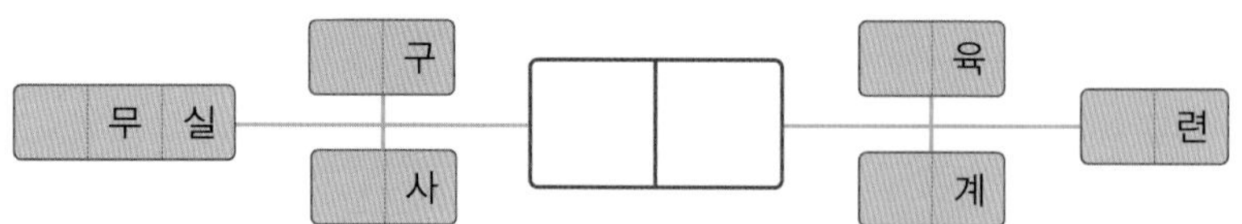

❷ 주어진 낱말을 넣어 문장을 완성하세요.

1) 교 사 / 구

가르치는 사람은 ☐☐,
가르치는 데 쓰이는 도구는 ☐☐이다.

2) 교 권 / 양

가르치는 사람의 권리는 ☐☐,
가르쳐서 기르는 것은 ☐☐이다.

3) 훈 육 / 계

옳은 몸가짐이나 바른길을 가르치는 것은 ☐☐,
잘하라고 타이르고 가르치는 것은 ☐☐이다.

4) 교 / 가 훈

집안에서 정한 가르침은 ☐☐,
학교에서 정한 가르침은 ☐☐이다.

❸ 문장에 어울리는 낱말을 골라 ○표 하세요.

1) 우리 집에서 정한 (교훈 / 가훈)은 '정직'이야.

2) 가르치는 데 쓰는 칠판, 분필 같은 (교구 / 교권)이(가) 필요해.

3) 책을 많이 읽으면 (교양 / 훈시)을(를) 많이 쌓을 수 있어.

4) 선생님들은 (교수 / 교무실)에 모여서 수업 준비를 하셔.

5) 삼촌은 군대에서 (훈련 / 교권) 받은 일을 자랑스럽게 이야기하셔.

낱말밭 블록 맞추기

具 備
갖출 구 갖출 비

_____월 _____일 / 정답 142쪽

① 공통으로 들어갈 낱말을 쓰세요.

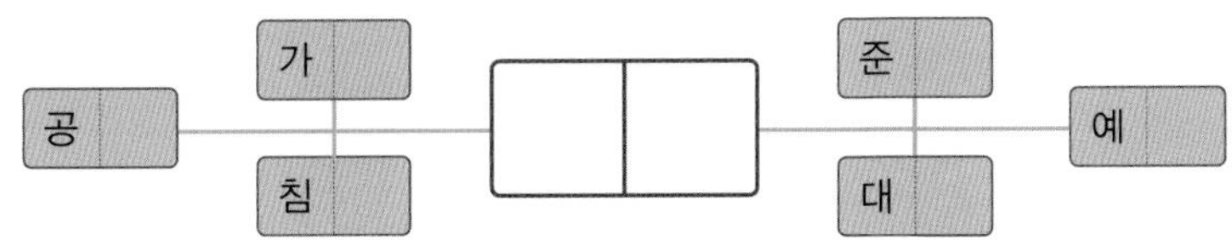

② 주어진 낱말을 넣어 문장을 완성하세요.

1) 공 / 가 구

집안 살림에 쓰는 기구는 ☐☐, 물건을 만들거나 고치는 데 쓰는 도구는 ☐☐이다.

2) 장 / 신 / 침 구

잠잘 때 쓰는 이부자리 등의 물건은 ☐☐, 몸치장을 하는 데 쓰는 물건은 ☐☐☐이다.

3) 비 치 / 축

어떤 것을 갖추어 두는 것은 ☐☐, 만약의 경우를 대비해서 저축하는 것은 ☐☐이다.

4) 장 / 방 비

어떤 일을 할 때 갖추는 물건은 ☐☐, 적이나 재해 등을 막을 수 있게 대비하는 것은 ☐☐이다.

③ 문장에 어울리는 낱말을 골라 ○표 하세요.

1) 평화를 유지하려면 평소에 나라 (방비 / 무방비)를 잘해야 해.
2) 재난을 대비해서 식량을 (미비 / 비축)하는 게 좋아.
3) 사물함에 교과서를 잘 (구비 / 대비)해 둬.
4) 집 (장비 / 경비)를 튼튼히 해야 도둑이 들지 않아.
5) 엄마가 귀에 건 (침구 / 장신구)가 무척 예뻐.

구비
도구
가구
공구
침구
장신구
준비
대비
예비
비치
비축
미비
경비
경비원
장비
방비
무방비

물론, 길고 짧은 것은 대봐야 알겠죠? 크고 작은 것은 실제로 겪어 봐야 알 수 있다는 말이에요. 여기서 길고 짧은 것은 '길 장(長)'과 '짧을 단(短)'을 써서 장단이라고 표현해요.

장과 단이 단어 앞에 각각 붙어서 정반대의 뜻을 나타내기도 하죠. 하지만 긴 것이 좋은 의미, 짧은 것이 나쁜 의미를 가지는 것은 아니라는 점, 꼭 알아 두세요.

장과 단이 쌍을 이루는 반대말

신나는 모험이 펼쳐지는 소설은 정말 재미있어요. 그중에서 길이가 긴 소설은 장편 소설, 길이가 짧은 것은 단편 소설이라고 해요. 이렇게 장, 단을 붙여서 만들어지는 반대말을 살펴볼까요?

장신(키가 큰 몸) ↔ 단신(키가 작은 몸)

장기간(오랜 기간) ↔ 단기간(짧은 기간)

장발(긴 머리카락) ↔ 단발(짧은 머리카락)

장거리(먼 거리) ↔ 단거리(짧은 거리)

장화(목이 긴 신) ↔ 단화(목이 짧은 신)

최장(가장 긴) ↔ 최단(가장 짧은)

長 길 **장**	短 짧을 **단**
길고 짧음	

- **장편 소설**(長 篇책 편 小작을 소 說말씀 설)
- **단편 소설**(短篇 小說)
- **장신**(長 身몸 신)
- **단신**(短身)
- **장기간**(長 期때 기 間사이 간)
- **단기간**(短期間)
- **장발**(長 髮머리털 발)
- **단발**(短髮)
- **장거리**(長 距떨어질 거 離떨어질 리)
- **단거리**(短距離)
- **장화**(長 靴신 화)
- **단화**(短靴)
- **최장**(最가장 최 長)
- **최단**(最短)

장조(긴 음계의 가락) ↔ 단조(짧은 음계의 가락)

장, 단은 좋고 나쁨을 뜻해서 반대말을 이루기도 해요. 좋은 점인 장점과 나쁜 점인 단점이 대표적이죠. 이때의 장은 뛰어남, 단은 부족함을 뜻한답니다.

장과 단이 쌍을 이루지 않는 반대말

오래 살았다고 할 때 '길 장(長)'에 '목숨 수(壽)'를 써서 '장수했다'라고 해요. 그렇다면 반대로 오래 살지 못했다면 '단수'일까요? 아니에요. 이때는 '목숨 명(命)'을 써서 '단명했다'라고 해요.

이처럼 장과 단을 바꿔 쓴다고 해서 무조건 반대말이 되는 것은 아니에요. 어렵지 않으니까 표현법을 꼭 알아 두세요.

시간이나 물건을 길게 늘일 때 '늘일 연(延)'을 써서 연장, 반대로 짧게 줄일 때는 '줄일 축(縮)'을 써서 단축이라고 해요.

장과 단이 들어간 낱말 중 반대말이 없는 경우도 있어요.

단신은 '짧을 단(短)'에 '소식 신(信)'을 써서 짧은 소식, 간단한 뉴스라는 뜻이에요. 하지만 반대말이 '장신'은 아니랍니다.

또 점점 자라난다는 뜻의 성장도 반대말이 없어요. 어른이 다시 아이로 되돌아갈 수는 없어서겠죠?

- **장조**(長 調가락 조)
- **단조**(短調)
- **장점**(長나을 장 點 관점 점) 좋은 점
- **단점**(短부족할 단 點) 나쁜 점
- **장수**(長 壽목숨 수) 오래 삶
- **단명**(短 命목숨 명) 목숨이 짧음
- **연장**(延늘일 연 長) 시간이나 물건 따위를 길게 늘임
- **단축**(短 縮줄일 축) 시간이나 거리 등을 짧게 줄임
- **단신**(短 信소식 신) 짧은 소식, 간단한 뉴스
- **성장**(成이룰 성 長어른 장) 점점 커짐

장	거	리		징	기	간		최			단	기	리		단	편	소	설
발				신				장	화		발				조			

부모님께 효도하는 자식이 되자

'부모가 자식을 겉 낳았지 속 낳았나'라는 속담은 부모도 자식의 속마음을 모른다는 뜻이에요. 이 속담에는 뜻이 서로 반대인 낱말 짝이 두 개 있어요. 뭘까요? 하나는 '부모'와 '자식'이고, 또 하나는 '겉'과 '속'이에요.

부모는 엄마와 아빠, 자식은 아들과 딸이지요. 또 겉은 물체의 바깥 부분, 속은 물체의 안쪽 부분이지요. 이렇게 우리가 자주 쓰는 낱말 중에는 뜻이 서로 반대이면서 짝을 이루는 말이 많아요.

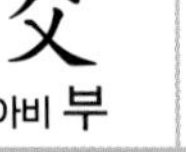

父 아비 부	母 어미 모
아버지와 어머니	

- **자식**(子아들 자 息딸 식) 아들과 딸
- **겉** 물체의 바깥 부분
- **속** 물체의 안쪽 부분
- **천재**(天하늘 천 才재주 재) 재주가 뛰어난 사람
- **바보** 보통 사람보다 부족한 사람
- **형**(兄맏 형) 형제 중에 윗사람
- **시작**(始처음 시 作지을 작) 일의 처음

정반대의 의미를 나타내는 낱말

'천재와 바보는 한 끗 차이'라는 말이 있어요.

천재는 재주가 뛰어난 사람이고, 바보는 보통 사람보다 부족한 사람인데, 왜 차이가 한 끗밖에 안 날까요? 아무리 천재라도 게으르면 노력하는 사람을 이기기 어렵고, 얼마나 노력하느냐에 따라 사람의 능력이 달라지기 때문이에요.

이렇게 뜻이 반대인 낱말의 짝을 더 찾아볼까요?

형(형제 중 윗사람) ↔ 동생(형제 중 아랫사람)

시작(일의 처음) ↔ 끝(마지막)

출발선(시작으로 그은 선) ↔ 결승선(승부를 가르는 곳에 그은 선)
팽창(부풀어 커짐) ↔ 수축(오그라들거나 줄어듦)
확장(늘려서 넓힘) ↔ 축소(줄여서 작게 함)
양지(햇볕이 잘 드는 곳) ↔ 음지(그늘진 곳)

정반대의 장소를 나타내는 낱말

혹시 짧은 사이에 아주 즐거운 상황이었다가 아주 위험한 상황으로 바뀐 경험을 한 적이 있나요?
이럴 때 '천당과 지옥을 왔다 갔다 했다'라고 말해요.
천당은 하늘의 집이라는 뜻으로 사람이 죽으면 영혼이 가서 산다는 편안한 곳이에요.
지옥은 땅의 감옥이라는 뜻으로 사람이 죽으면 간다는 무섭고 고통스러운 곳이죠.
아주 정반대의 장소네요.
이왕이면 모두 천당을 가면 좋겠죠?
장소를 나타내는 말 중에 남극과 북극도 뜻이 반대예요. 남극은 지구의 남쪽 끝 지역이고, 북극은 지구의 북쪽 끝 지역이지요.
이렇게 반대말을 알아가다 보면 낱말 실력이 쭉쭉 늘겠네요!

끝
마지막

출발선(出날 출 發떠날 발 線선 선)
시작으로 그은 선

결승선(決결정할 결 勝이길 승 線)
승부를 가르는 곳에 그은 선

팽창(膨부풀 팽 脹부을 창)
부풀어 커짐

수축(收거둘 수 縮줄일 축)
오그라들거나 줄어듦

확장(擴넓힐 확 張베풀 장)
늘려서 넓힘

축소(縮 小작을 소)
줄여서 작게 함

양지(陽볕 양 地땅 지)
햇볕이 잘 드는 곳

음지(陰그늘 음 地)
그늘진 곳

천당(天하늘 천 堂집 당)
하늘의 집

지옥(地 獄감옥 옥)
땅의 감옥

남극(南남쪽 남 極)
지구의 남쪽 끝 지역

북극(北북쪽 북 極끝 극)
지구의 북쪽 끝 지역

형 ↔ 몽생
시작 ↔ 끝
팽창 ↔ 수축
양지 ↔ 음지
천당 ↔ 지옥

______월 ______일 / 정답 142쪽

1 공통으로 들어갈 낱말을 쓰세요.

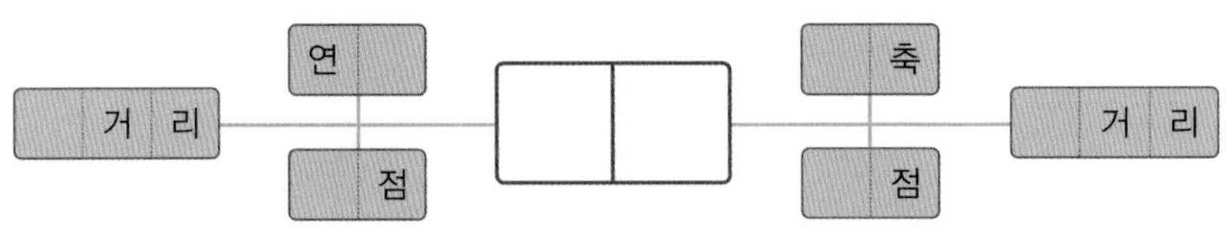

2 알맞은 낱말을 넣어 문장을 완성하세요.

1) 장거리 ↔ 단거리

나는 운동회에서 긴 거리를 달리는 ☐☐☐ 달리기에 출전하고, 내 짝꿍은 짧은 거리를 달리는 ☐☐☐ 달리기에 출전한다.

2) 장신 ↔ 단신

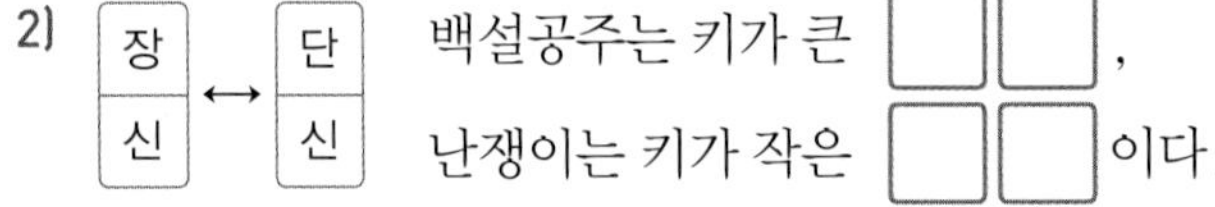

백설공주는 키가 큰 ☐☐,
난쟁이는 키가 작은 ☐☐이다.

3) 장점 ↔ 단점

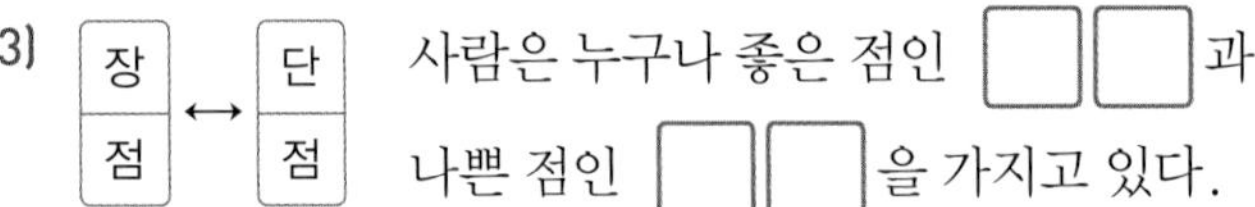

사람은 누구나 좋은 점인 ☐☐과,
나쁜 점인 ☐☐을 가지고 있다.

3 문장에 어울리는 낱말을 골라 ○표 하세요.

1) 할머니, 오래오래 (장발 / 장수)하세요!
2) 몸도 마음도 몰라볼 정도로 (성장 / 연장)했어요.
3) 나는 이야기가 긴 (단편 소설 / 장편 소설)을 좋아해요.

4 짝 지은 낱말의 관계가 [보기]와 다른 것을 고르세요. (　　)

보기	장거리 – 단거리

① 연장 – 단장　② 장발 – 단발　③ 최장 – 최단
④ 장점 – 단점　⑤ 장기간 – 단기간

장단
장편 소설
단편 소설
장신
단신
장기간
단기간
장발
단발
장거리
단거리
장화
단화
최장
최단
장조
단조
장점
단점
장수
단명
연장
단축
단신
성장

낱말밭 블록 맞추기

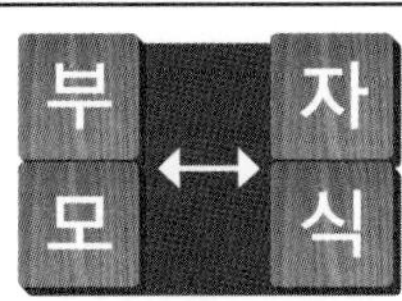

1 [보기]와 같이 반대되는 뜻을 가진 낱말을 쓰세요.

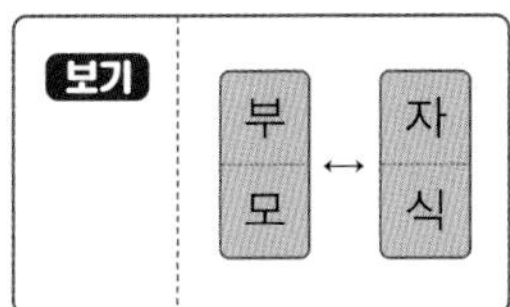

1) 형 ↔ □□

2) 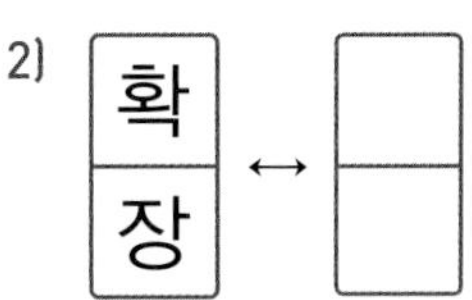

2 주어진 낱말을 넣어 문장을 완성하세요.

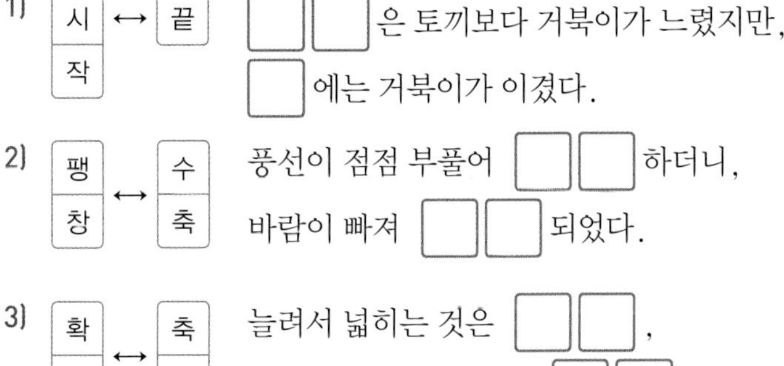

3 문장에 어울리는 낱말을 골라 ○표 하세요.

1) 제 아무리 (바보 / 천재)라도 노력하는 사람을 이길 수는 없어.
2) 더 많은 사람들이 이용하도록 도서관을 (축소 / 확장)했어.
3) '(형 / 동생)만한 아우 없다'는 속담이 있어.
4) 나쁜 짓을 많이 하면 죽어서 (지옥 / 천당)에 간다는 말이 있어.
5) 지구의 남쪽 끝 지역을 (북극 / 남극)이라고 해.

4 짝 지은 낱말의 관계가 [보기]와 다른 것을 고르세요. (　　)

보기	출발선 – 결승선

① 시작 – 끝　　② 팽창 – 수축　　③ 양지 – 음지
④ 천당 – 지옥　　⑤ 시골 – 농촌

부모
자식
겉
속
천재
바보
형
동생
시작
끝
출발선
결승선
팽창
수축
확장
축소
양지
음지
천당
지옥
남극
북극

어느 집에서 키우던 닭을 옆집 남자가 잡아먹었어요. 닭이 없어진 걸 안 주인이 옆집에 가서 따졌겠지요. 그러자 옆집 남자가 내민 것은 바로 오리발이었답니다. 자기가 잡아먹은 건 오리였다고 시치미를 뗀 거예요. 그 뒤로 어떤 일을 하고도 하지 않은 척할 때 오리발 내밀다라고 말하게 되었대요. 이렇게 오랫동안 쓰이면서 어떤 뜻으로 굳어진 짧은 말을 관용어라고 해요.

두 개 이상의 낱말로 이루어진 관용어

일상생활에서 자주 쓰는 관용어를 알아볼까요?

하늘의 구름을 잡는 것처럼 막연하고 헛된 생각을 하는 사람을 보고 뜬구름 잡다고 말해요.

비행기 태우다란 말은 비행기표를 사 주었을 때 쓰는 말이 아니라, 어떤 사람을 지나칠 정도로 칭찬할 때 쓰는 말이에요.

"비행기 타고 싶은 마음이 굴뚝 같다."라고 하면 비행기 타는 걸 간절하게 원한다는 뜻이지요.

그런데 "비행기 타는 게 물거품이 되었어."라고 한다면, 비행기를 못 타게 되었다는 말이에요.

오리발 내밀다

어떤 일을 하고도 마치 아닌 것처럼 시치미를 뗄 때 쓰는 말

- **뜬구름 잡다**
  막연하고 헛된 생각을 할 때 쓰는 말
- **비행기 태우다**
  어떤 사람을 지나칠 정도로 칭찬할 때 쓰는 말
- **마음이 굴뚝 같다**
  간절하게 원할 때 쓰는 말

물거품이 되다는 금방 사라지는 물거품처럼 어떤 일이 헛것이 되었을 때 쓰는 말이지요.

도마 위에 오르다는 사람들의 입에 오르내리며 비판을 받는 일을 말해요. 도마 위에 올려놓은 요리 재료와 같은 처지라고 보면 되겠죠?

가방끈이 짧다는 사람의 학력이 낮을 때 쓰는 말이죠. 초등학교부터 대학교까지 졸업한 학교의 수를 가방끈 길이에 빗댄 거죠.

하나의 낱말로 이루어진 관용어

옛날에는 북을 쳐서 적군의 공격을 알렸어요. 그런데 적군이 쳐들어올 낌새가 있을 때 북을 쳐야지, 이미 다 쳐들어온 다음에 치면 소용이 없겠지요? 이렇게 때가 다 지난 뒤에 행동을 하는 모습을 보고 뒷북치다라고 해요.

북과 관련된 '동네북'이란 말도 있어요. 동네에서 아무나 치고 다니는 북처럼 이리 치이고 저리 치이는 처지에 놓였을 때 동네북이 되었다고 말해요. 이럴 때 마음이 불안하고 편하지 못하다면 가시방석에 앉은 것 같다고들 하지요.

부모와 자식의 생김새가 그대로 닮았을 때는 붕어빵이라고 해요. 똑같은 모양으로 찍어 내는 붕어빵에 빗댄 말이에요.

물거품이 되다
일이 헛것이 되었을 때 쓰는 말

도마 위에 오르다
사람들의 입에 오르내리며 비판을 받을 때 쓰는 말

가방끈이 짧다
사람의 학력이 낮을 때 흔히 쓰는 말

뒷북치다
때가 다 지난 뒤에 행동할 때 쓰는 말

동네북
이리 치이고 저리 치이는 처지에 놓였을 때 쓰는 말

가시방석
마음이 불안하고 편하지 못할 때 쓰는 말

붕어빵
생김새가 그대로 닮았을 때 쓰는 말

병사도 군인, 사병도 군인

'엎치나 메치나'란 말이 있어요. 이렇게 하나 저렇게 하나 똑같다는 뜻이지요. 낱말에도 바로 쓰나 위치를 바꾸어 거꾸로 쓰나 뜻이 비슷한 낱말이 있어요. 옛날에 장교가 아닌 군인을 이르던 병사(兵士)를 거꾸로 사병(士兵)이라고 써도 뜻이 비슷하지요.

앞뒤를 거꾸로 써도 뜻이 비슷한 낱말

손님을 맞아 시중을 드는 접대를 대접으로 바꾸어 써도 뜻이 비슷해요. 대접은 보통 음식을 차려서 손님을 접대하는 걸 말하거든요. 낱말들을 더 살펴볼까요?

먹을 수 있는 열매를 이르는 실과를 거꾸로 과실로 써도 먹는 과일을 뜻해요.

둘 이상의 기구나 단체, 나라가 하나로 합쳐지는 것은 합병이에요. 병합으로 바꾸어 써도 뜻이 같지요.

배분과 분배는 몫몫이 고르게 나누어 준다는 뜻의 같은 말이에요.

兵 군사 병	士 병사 사
옛날에 장교가 아닌 군인을 부르는 말 = 사병(士兵)	

- **접대**(接대접할 접 待대접할 대) = **대접**(待接)
  손님을 맞아 시중을 듦
- **실과**(實열매 실 果과일 과) = **과실**(果實)
  먹을 수 있는 열매를 통틀어 이름
- **합병**(合합할 합 倂아우를 병) = **병합**(倂合)
  둘 이상의 기구나 단체, 나라가 하나로 합쳐짐
- **배분**(配나눌 배 分나눌 분) = **분배**(分配)
  몫몫이 고르게 나누어 줌

속세와 세속은 이 세상을 뜻해요. 특히 불교에서 사람들이 살아가는 세상을 이르는 말로 흔히 쓰이죠.

앞뒤를 거꾸로 쓰면 뜻이 달라지는 낱말

그런데 거꾸로 쓰면 뜻이 달라지는 낱말도 있어요.

마을이나 학교처럼 사람이 더불어 사는 곳은 사회예요. 사회를 거꾸로 쓴 회사는 돈을 벌기 위해 여러 사람이 함께 일하는 단체를 말해요. 거꾸로 쓰니 뜻이 다르지요?

물건값이나 등급이 아래로 떨어지는 건 하락이에요.

거꾸로 낙하는 공중이나 절벽 같은 높은 곳에서 낮은 데로 떨어지는 걸 말하죠. 낙하산은 여기서 나온 말이에요.

성숙은 아이들의 몸과 정신이 어른스러워지는 것을 뜻해요. 거꾸로 쓴 숙성은 김치, 술 같은 것이 잘 익는 것을 말해요. 성숙한 아이들을 숙성한 아이들이라고 말하면 이상하지요? 뭔가 변하는 건 똑같지만 숨은 뜻은 다르기 때문이에요.

관습은 한 사회에서 오랫동안 이어져 굳어진 풍습이에요. 거꾸로 쓴 습관은 한마디로 버릇이지요. 오랫동안 되풀이하면서 몸에 밴 행동으로, 누구나 자신만의 습관이 있지요.

속세(俗 풍속 속 世 세상 세)
= 세속(世俗)
이 세상, 불교에서 사람들이 살아가는 세상을 이르는 말

사회(社 모일 사 會 모일 회)
마을이나 학교처럼 여러 사람이 더불어 사는 곳

회사(會社)
돈을 벌기 위해 여러 사람이 함께 일하는 단체

하락(下 아래 하 落 떨어질 락)
아래로 떨어짐

낙하(落下)
높은 곳에서 떨어짐

성숙(成 이룰 성 熟 익을 숙)
몸과 정신이 어른스러워짐

숙성(熟成)
김치, 술 같은 것이 잘 익는 것

관습(慣 버릇 관 習 익힐 습)
한 사회에서 오랫동안 이어져 굳어진 풍습이나 방식

습관(習慣)
버릇

낱말밭 블록 맞추기

오리발 내밀다

오리발 내밀다 / 뜬구름 잡다 / 비행기 태우다 / 마음이 굴뚝 같다 / 물거품이 되다 / 도마 위에 오르다 / 가방끈이 짧다 / 뒷북치다 / 동네북 / 가시방석 / 붕어빵

1 설명과 같은 상황에서 쓰는 관용어를 쓰세요.

1) 어떤 일을 하고도 마치 아닌 것처럼 시치미를 뗄 때 → □□□ □□□

2) 어떤 사람을 지나칠 정도로 칭찬할 때 → □□□ □□□

2 어울리는 관용어를 [보기]에서 찾아 문장을 완성하세요.

보기

물	거	품	이	되	다	뜬	구	름	잡	다
가	방	끈	이	짧	다	붕	어	빵		

1) 일이 헛것이 되었을 때 쓰는 관용어는 □□□□ □□.

2) 사람의 학력이 낮을 때 쓰는 관용어는 □□□□ □□.

3) 막연하고 헛된 생각을 할 때는 □□□ □□.

4) 생김새가 그대로 닮았을 때 쓰는 관용어는 □□□.

3 문장에 어울리는 낱말을 골라 ○표 하세요.

1) 당장이라도 놀고 싶은 (뒷북치다 / 마음이 굴뚝 같다).

2) 엄마한테 혼나고 형도 화내고, 나만 (동네북 / 붕어빵)이 되었어.

3) 여행이 취소되어서 비행기 타는 게 (물거품이 되었어 / 도마 위에 올랐어).

낱말밭 블록 맞추기

_____월 _____일 / 정답 142쪽

1 [보기]와 같이 거꾸로 쓰나 바로 쓰나 뜻이 같은 낱말을 쓰세요.

보기

접	대
대	접

1)

병	사

2)

합	병

2 주어진 낱말을 넣어 문장을 완성하세요.

1)

실	과
과	실

먹을 수 있는 열매를 통틀어 이르는 말은 □□ 또는 □□이다.

2)

배	분
분	배

몫몫이 고르게 나누어 주는 것은 □□ 또는 □□이다.

3)

접	대
대	접

손님을 맞아 시중을 드는 것은 □□ 또는 □□이다.

3 문장에 어울리는 낱말을 골라 ○표 하세요.

1) 나는 아침에 일찍 일어나는 (습관 / 관습)이 있어.
2) 이 김지는 (성숙 / 숙성)이 잘 되어서 맛이 좋아.
3) 번지점프처럼 높은 곳에서 (낙하 / 하락)하는 것은 무서워.

4 짝 지은 낱말의 관계가 [보기]와 다른 것을 고르세요. (   )

보기 병사 – 사병

① 대접 – 접대 ② 합병 – 병합 ③ 하락 – 낙하
④ 배분 – 분배 ⑤ 실과 – 과실

병사
사병
접대
대접
실과
과실
합병
병합
배분
분배
속세
세속
사회
회사
하락
낙하
성숙
숙성
관습
습관

우리 부모님, 할아버지, 할머니는 누구나 자손이 잘 살아가길 바라시죠. 자손은 아들과 손자를 말해요. 그렇다면 남자들만요? 아니에요. 자손은 딸들도 포함한 후손을 뜻하지요.

그럼 자자손손 잘 살기를 바란다는 말은 무슨 뜻일까요? 자손의 자손, 또 그 자손, 여러 대를 걸친 자손들이 쭉 잘 살기를 바란다는 뜻이지요. 이렇게 같은 한자어를 한 번씩 반복하면 그 뜻이 강조되기도 해요. 이와 같은 낱말을 더 찾아볼까요?

子 아들 자	孫 손자 손
아들과 손자. 후손	

- **자자손손**(子子孫孫) 자손의 여러 대. 여러 대에 걸쳐서 이어져 오는 한 핏줄
- **시비**(是 옳을 시 非 아닐 비) 옳고 그름
- **시시비비**(是是非非) 잘잘못이나 옳고 그름을 모두 이르는 말
- **금방**(今 이제 금 方 바야흐로 방) 지금 바로
- **금방금방**(今方今方) 일이나 행동 따위를 반복해서 빨리빨리 하는 모양

같은 한자어를 반복해서 뜻을 강조하는 낱말

사람들 사이에 다툼이 있을 때 "시시비비를 가려보자."라는 말을 흔히 들을 수 있어요. 옳고 그름인 시비에 한자어를 각각 한 번씩 더 붙인 시시비비는 잘잘못이나 옳고 그름을 모두 이르는 말이에요. 시비를 하나하나 다 따져 보자고 강조하는 말이지요.

금방은 지금 바로란 말이에요.

"어려운 문제도 금방금방 풀어."에서

금방금방은 일이나 행동 따위를 반복해서 빨리빨리 하는 모양을 뜻해요.

순간은 아주 짧은 동안이에요. "그 순간 눈물이 났어."라고 하면 아주 짧은 사이에 눈물이 났다는 말이죠.

"순간순간 눈물이 났어."라고 하면 매 순간마다 눈물이 났다는 말로 여러 번 눈물이 났다는 걸 강조하는 말이 돼요.

'곧, 바로'를 뜻하는 즉시도 마찬가지예요. 어떤 일을 바로 할 때는 즉시 하겠다고 하지만, 여러 일을 그때마다 바로바로 할 때는 즉시즉시 하겠다고 말하지요.

허실은 빈틈이 많고 비어 있는 허한 것과 든든하고 꽉 차 있는 실한 것을 뜻하는 말이에요. 시합에서 상대방의 허실을 잘 알아야 이길 가능성이 크다고 하죠.

허허실실을 인다고 하면 상대방의 허를 찌르고 실을 꾀하는 방법을 뜻해요.

그리고 시합에서 비겁한 수를 쓰지 않고 정당하게 겨루겠다는 다짐을 정정당당하게 겨루겠다고 하면 올바름을 더 강조하는 말이 되겠죠?

형색은 모양과 색을 뜻하는데, 형형색색이라고 더 강조해서 쓰기도 해요.

- **순간**(瞬눈 깜짝할 순 間동안 간)
  아주 짧은 동안
- **순간순간**(瞬間瞬間)
  매 순간
- **즉시**(卽곧 즉 時때 시)
  곧, 바로
- **즉시즉시**(卽時卽時)
  그때마다 바로바로
- **허실**(虛빌 허 實열매 실)
  허함과 실함
- **허허실실**(虛虛實實)
  허를 찌르고 실을 꾀하는 방법
- **정당**(正바를 정 當마땅 당)
  올바르고 마땅함
- **정정당당**(正正堂堂)
  올바르고 떳떳함
- **형색**(形모양 형 色빛깔 색)
  모양과 색
- **형형색색**(形形色色)
  여러 가지 모양과 빛깔

시비 = 시시비비

금방 = 금방금방

순간 = 순간순간

허실 = 허허실실

정당 = 정정당당

생일 축하해 축! 생일

축하는 생활하면서 많이 쓰는 말이에요. 축(祝)은 빌다는 뜻이고, 하(賀)는 경사로운 일이니까 축하는 좋은 일이 생기도록 빈다는 뜻이지요. 축복한다고도 하잖아요.

그럼 축하를 줄여서 같은 의미로 쓸 때는 '축'과 '하' 중에 어떤 글자를 써야 할까요? 바로 '축'이에요. 이처럼 우리말에는 두 글자를 한 글자로 줄여도 뜻이 같은 말들이 무척 많아요.

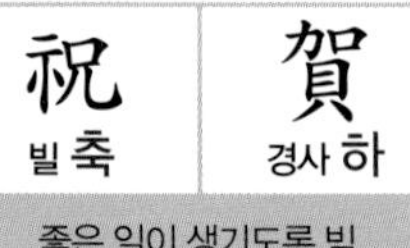

- **축**(祝)
  좋은 일이 생기도록 빔
- **독약**(毒독 독 藥약 약) = **독**
  독성을 가진 약
- **맥박**(脈혈관 맥 搏두드릴 박) = **맥**
  혈관의 두드림(심장의 박동)

생활 속, 줄여도 같은 말

백설 공주가 먹은 사과에는 독약이 묻어 있었지요? 독약은 줄여서 독이에요. 독뿐만 아니라 우리가 아플 때 먹는 약에도 독이란 뜻이 있어요. 약도 과하게 먹으면 독이 되어 몸을 해치잖아요.

독을 먹고 쓰러진 백설 공주는 온몸에 독이 퍼져 맥박이 뛰지 않는다고 하네요. 맥은 맥박을 줄여 쓴 같은 말이에요.

언제나 바른말 고운 말을 써야겠지만, 가끔 입에서 욕설이 튀어 나오기도 하지요? 욕설은 남을 욕되게 하는 말로 욕이라고 해도 뜻이 통해요.

옛날에는 임금님을 욕하면 관청에 끌려가서 벌을 받기도 했어요. 관청은 나랏일을 하는 기관이에요. 같은 말은 한 글자로 관이지요. 군인의 집단인 군대도 군이라고 하잖아요.

묘지에 가면 주로 돌로 만든 비석이 세워져 있어요. 이를 무덤 앞에 있다고 해서 묘비라고도 하는데, 비라고 써도 같은 말이에요.

교과서 속, 줄여도 같은 말

이번에는 교과서 속에 있는 줄여도 같은 말을 찾아볼게요.

수학 교과서에 나오는 각은 면과 면이 만나 이루어지는 모서리이기도 하고, 각도의 줄임말이기도 해요. 각도는 각이 벌어진 정도로 각의 크기를 말하지요.

어떤 수나 양을 비교한 값인 비율도 줄여서 율이라고만 해도 뜻이 같은 말이에요. 받침이 있을 때는 합격률처럼 '률'로 써야 해요.

노래할 때는 박자를 딱딱 맞춰야 하죠? 박자는 줄여서 박으로 많이 쓰이는데, 뜻은 같아요.

대체로 두 글자 낱말을 줄일 때는 첫 글자를 쓸 때가 많은데, 세균은 그렇지가 않아요. 세균의 세는 가늘다, 균은 세균을 뜻해요. 그래서 한 글자로 말할 때는 균이라고만 한답니다.

- **욕설**(辱욕되게 할 욕 說말할 설)
  = 욕
  욕되게 하는 말
- **관청**(官벼슬 관 廳관청 청)
  = 관
  나랏일을 하는 기관
- **군대**(軍군사 군 隊무리 대)
  = 군
  군인의 무리
- **비석**(碑돌기둥 비 石돌 석)
  = 묘비(墓무덤 묘 碑) = 비
  이름 등을 새겨 무덤에 세우는 돌기둥
- **각도**(角각도 각 度정도 도) = 각
  각이 벌어진 정도
- **비율**(比견줄 비 率비례 율)
  = 율(률)
  어떤 수나 양을 비교한 값
- **박자**(拍손뼉칠 박 子것 자) = 박
  두들겨 치는 것
  음악 음악적 시간을 구성하는 기본 단위
- **세균**(細가늘 세 菌세균 균) = 균
  한 개의 세포로 되어 있는 미생물

낱말밭 블록 맞추기

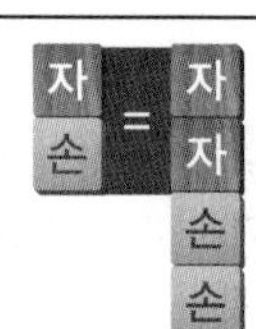

______월 ______일 / 정답 142쪽

자손 | 자자손손 | 시비 | 시시비비 | 금방 | 금방금방 | 순간 | 순간순간 | 즉시 | 즉시즉시 | 허실 | 허허실실 | 정당 | 정정당당 | 형색 | 형형색색

1 [보기]와 같이 반복해서 뜻을 강조하는 낱말을 쓰세요.

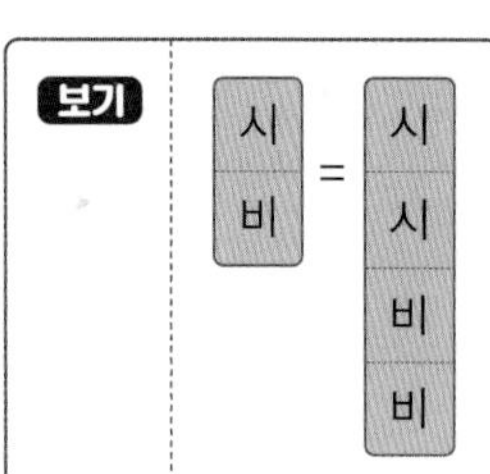

1) 자 손 = □□□□

2) 정 당 = □□□□

2 낱말을 반복해서 더 강조되는 문장을 완성하세요.

1) 시비 = 시시비비

이 사건의 □□ 를 가려보자.

[강조] 이 사건의 □□□□ 를 가려보자.

2) 금방 = 금방금방

이번 일은 □□ 처리해야 해.

[강조] 이번 일은 □□□□ 처리해야 해.

3 짝 지은 낱말의 관계가 [보기]와 다른 것을 고르세요. (   )

보기	시비 – 시시비비

① 금방 – 금방금방　② 부부 – 부　③ 허실 – 허허실실

④ 즉시 – 즉시즉시　⑤ 순간 – 순간순간

낱말밭 블록 맞추기

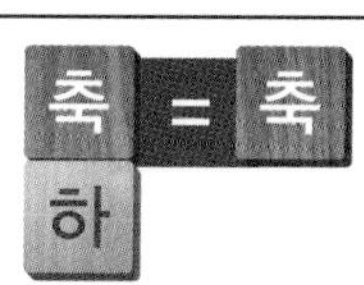

1 [보기]와 같이 줄여도 같은 뜻의 낱말을 쓰세요.

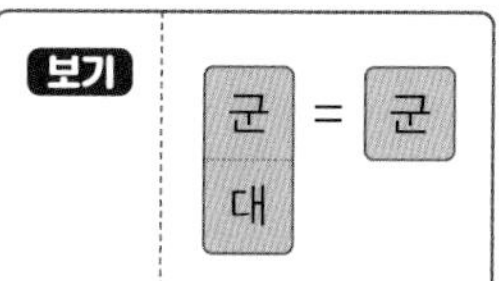

축하 = □

2 주어진 낱말을 넣어 문장을 완성하세요.

1) 맥박 = 맥　□□을 잴 때 손목에 짚는 □은 동맥이야.

2) 군대 = 군　□ 입내를 다른 말로 □□에 간다고 해.

3) 독약 = 독　□□을 마신 백설 공주의 몸에서 □을 빼야 살릴 수가 있어!

3 문장에 어울리는 낱말을 골라 ○표 하세요.

1) 생일을 (축하 / 축)하기 위해 카드에 '(축하 / 축) 생일'이라고 썼어.

2) 대장(세균 / 균)은 동물의 대장 속에서 살고 있는 (세균 / 균)이야.

3) 딸기잼을 만들 때는 딸기와 설탕을 1:1 (비율 / 각도)로 넣어야 해.

4) 노래를 부를 때는 (박자 / 맥박)을(를) 딱딱 맞춰야지.

4 짝 지은 낱말의 관계가 [보기]와 다른 것을 고르세요. (　　)

보기	각도 – 각

① 욕설 – 욕　② 축하 – 축　③ 관청 – 관
④ 비율 – 률　⑤ 묘비 – 비석

축하 / 축 / 독약 / 독 / 맥박 / 맥 / 욕설 / 욕 / 관청 / 관 / 군대 / 군 / 비석 / 묘비 / 비 / 각도 / 각 / 비율 / 율 / 률 / 박자 / 박 / 세균 / 균

낱말밭 어휘 관계

배 타고 배 먹으니, 배부르니?

"세상에 저 배 좀 봐!"라고 누군가 말한다면, 그 배가 무엇인지 알 수 있을까요? 배에는 먹는 배도 있고, 타는 배도 있고, 사람 몸에 있는 배도 있잖아요. 배처럼 소리는 같지만, 뜻이 다른 말을 동음이의어라고 해요.

소리는 같은데 뜻이 서로 다른 낱말

"이 말은 말을 잘 듣지요. 보리쌀 열 말로는 살 수 없어요."
앞의 말은 동물을 가리키고, 가운데 말은 사람이 하는 말이지요. 마지막 말은 곡식의 부피를 재는 그릇이나 단위를 말해요.
"하얀 눈을 보는 동생의 눈이 반짝반짝 빛났습니다."
하늘에서 내리는 눈은 길게 발음하고, 반짝반짝 빛나는 사람의 눈은 짧게 발음해서 뜻을 구분할 수 있어요.

놀부가 다리를 건너며 중얼거렸다. '제비 다리를 고쳐 줬더니….'
강이나 내를 건너 다닐 수 있게 만든 시설 / 서거나 걷는 일을 하는 몸의 일부

강이나 바다를 건너는 다리도 있고, 우리 몸의 다리도 있어요. 우리 몸의 다리 아래에 있는 부분은 발이에요. 햇빛을 가리기

배(船 배 선)
물 위에 떠서 이동할 수 있는 수단

- **배**(梨 배 이(리))
  배나무 열매
- **배**(腹 배 복)
  가슴과 골반 사이의 부분
- **말**(馬 말 마)
  갈기가 있고, 꼬리가 긴 동물
- **말**(言 말씀 언)
  사람의 생각이나 느낌을 나타내는 목소리, 그 목소리와 그 뜻
- **말**(斗 말 두)
  곡식 등의 부피를 재는 그릇이나 단위
- **눈**(雪 눈 설)
  공기 속의 수증기가 얼어서 땅에 떨어지는 얼음 조각
- **눈**(目 눈 목)
  볼 수 있는 신체 기관

위해 창문에 늘어뜨린 블라인드도 발이라고 해요.

> 시집가던 날 가마를 탄 새색시는 머리에 가마가 두 개였어요.
> (가마: 조그만 집 모양의 탈것 / 가마: 소용돌이 모양으로 난 머리털 부분)
> 신랑은 가마를 굽는 사람인데, 가마의 불도 잘 지폈지요.
> (가마: 아궁이 / 가마: 가마솥)

옛날에 결혼을 하는 신부는 조그만 집 모양의 탈것인 가마를 타고 시집을 갔어요. 색시의 머리에 가마가 두 개면 시집을 두 번 간다는 미신도 있었대요.

도자기나 숯 등을 구워 내는 아궁이도 가마라고 하고, 가마솥도 가마라고 하지요. '쌀 다섯 가마'처럼 곡식을 세는 단위도 가마라고 해요.

"밤은 밤에 먹으나 낮에 먹으나 언제나 맛있지."

앞의 밤은 밤나무 열매의 밤으로 길게 발음하고, 뒤의 밤은 해가 지고 난 뒤 아침이 밝아오기 전까지의 동안으로 짧게 발음해요.

"밭에서 김을 매고, 김이 모락모락 나는 밥을 김에 싸서 먹으니 맛이 좋다."

논밭에 난 잡풀도 김, 뜨거운 음식에서 나는 흰 기체도 김, 바다에서 나는 식물도 김이지요.

- **다리**(橋 다리 교)
  강이나 내를 건너게 만든 시설
- **다리**(脚 다리 각)
  서거나 걷는 일을 하는 몸의 일부
- **발**(足 발 족)
  다리의 아래 끝 부분
- **발**(簾 발 염)
  햇빛 등을 가리는 물건
- **가마**(轎 가마 교)
  조그만 집 모양의 탈것
- **가마**
  소용돌이 모양의 머리털 부분
- **가마**(窯 기와 가마 요)
  그릇 등을 구워 내는 아궁이
- **가마**(釜 가마 부)
  가마솥의 줄임말
- **가마**
  곡식을 세는 단위
- **밤**(栗 밤 율(률))
  밤나무 열매
- **밤**(夜 밤 야)
  해가 진 후부터 해가 뜨기 전까지
- **김**(穮 김맬 표)
  논밭에 자라난 잡풀
- **김**(汽 물 끓는 김 기)
  뜨거운 것에서 나는 흰 기체
- **김**(甘 달 감 苔 이끼 태)
  바다에서 나는 식물

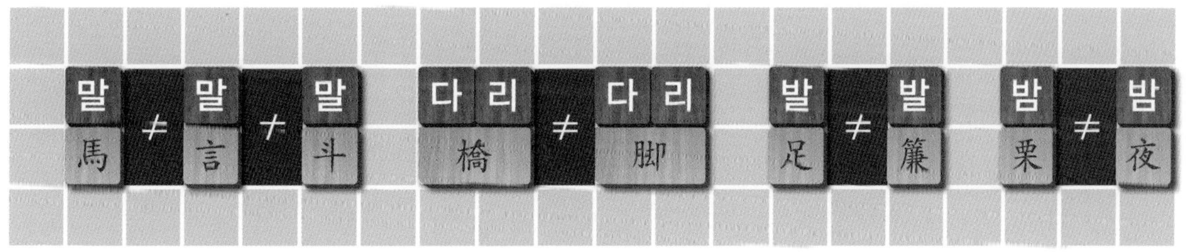

창 너머에 담 넘어 오는 신데렐라

창 너머로 담을 넘어오는 신데렐라가 보이네요. 너머는 높이나 경계로 가로막은 것을 말해요. 반면 넘어는 담을 넘는 것처럼 높은 곳을 지나간다는 뜻이에요. '넘다'에 '-어'가 이어진 말이지요. 이렇게 '너머'와 '넘어'는 읽을 때 나는 소리가 [너머]로 똑같아요. 글자의 소리는 같지만, 모양과 뜻은 완전 다르답니다.

소리는 같지만, 모양과 뜻이 전혀 다른 말

소리는 같지만, 낱말의 모양과 뜻이 전혀 다른 말을 이철자 동음이의어라고 해요. 어떤 말들이 있는지 살펴볼까요?

반듯이[반드시] ≠ 반드시[반드시]

반듯이는 말이나 행동이 비뚤어지거나 기울지 않고 바른 것을 말하지요. 반드시는 기필코, 꼭이란 뜻이에요.

가름[가름] ≠ 갈음[가름]

가름은 나누어 가르는 것, 갈음은 다른 것으로 바꾸어 대신하는 거예요. '갈다'에 '-음'이 이어진 말이지요.

걸음[거름] ≠ 거름[거름]

걸음은 우리가 걷는 걸음이고, 거름은 땅을 기름지게 하려고 흙

너머

높이나 경계로 가로막은 것의 저쪽

- **넘어[너머]**
  어떤 높은 곳을 지남
- **반듯이[반드시]**
  말이나 행동이 비뚤어지거나 기울지 않고 바르게
- **반드시[반드시]**
  틀림없이 꼭
- **가름[가름]**
  나누어 가름
- **갈음[가름]**
  다른 것으로 바꾸어 대신함
- **걸음[거름]**
  두 발을 옮겨 놓아 앞으로 나아가는 움직임
- **거름[거름]**
  땅을 기름지게 하려고 흙에 주는 물질

에 주는 물질이에요.

"소가 한 걸음 한 걸음 옮길 때마다 '뿌지직' 하며 떨어지는 똥은 최고의 거름이지." 걸음과 거름의 차이를 알겠죠?

떼[떼] ≠ 때[때]

떼는 같이하는 무리를 의미하고, 때는 어떤 시간의 일정한 부분이나 시간을 말해요.

"어느새 저녁때가 되어 목동이 양 떼를 몰아 우리에 넣습니다."

놀음[노름] ≠ 노름[노름]

여럿이 모여 즐겁게 노는 일을 놀음이라고 해요. 노름은 돈이나 재물을 걸고 내기를 하는 일이지요.

빚[빋] ≠ 빗[빋] ≠ 빛[빋]

빚은 남에게 갚아야 하는 돈, 빗은 머리털을 빗는 도구예요. 빛은 해나 별, 불, 전등 등에서 나오는 밝고 환한 것이에요.

"빚을 내어 금빛이 나는 빗을 샀어요."

곧[곧] ≠ 곳[곧] ≠ 곶[곧]

곧은 시간상으로 머지않은 때, 곳은 일정한 자리나 지역, 곶은 바다 쪽으로 뾰족하게 튀어나온 육지를 말해요.

"행사가 열리는 곳은 간절곶입니다. 곧 도착합니다."

어때요? 소리는 같지만 전혀 다른 말이 참 많죠?

떼[떼]
같이하는 무리

때[때]
시간의 일정한 부분이나 시간

놀음[노름]
여러 사람이 모여서 즐겁게 노는 일 = 놀이

노름[노름]
돈이나 재물을 걸고 서로 내기하는 일

빚[빋]
남에게 갚아야 할 돈

빗[빋]
머리털을 빗는 도구

빛[빋]
해나 별, 불, 전등 등에서 나오는 밝고 환한 것

곧[곧]
시간적으로 머지않은 때

곳[곧]
일정한 자리나 지역

곶(串 땅 이름 곶)[곧]
바다 쪽으로 뾰족하게 튀어나온 육지

거름	≠	걸음	노름	≠	놀음	반드시	≠	반듯이
[거름]		[거름]	[노름]		[노름]	[반드시]		[반드시]

낱말밭 블록 맞추기

______월 ______일 / 정답 142쪽

① 같은 소리를 내지만 뜻이 다른 낱말을 쓰세요.

- 배나무의 열매
- 물 위에 떠서 이동할 수 있는 수단
- 몸에서 가슴과 골반 사이의 부분

→ □

② 주어진 낱말을 넣어 문장을 완성하세요.

1) 말(言) ≠ 말(馬) ≠ 말(斗)

- 목에 갈기가 있고 꼬리에 긴 털이 난 동물은 □이다.
- 사람의 생각이나 느낌을 규칙에 따라 나타내는 목소리는 □이다.
- 곡식 등의 부피를 재는 그릇이나 단위는 □이다.

2) 눈(目) ≠ 눈(雪)

- 사람의 얼굴에서 볼 수 있는 기관은 □이다.
- 공기 속에 수증기가 얼어서 땅에 떨어지는 얼음 조각은 □이다.

3) 밤(栗) ≠ 밤(夜)

- 밤나무의 열매는 □이다.
- 해가 진 뒤 날이 밝아오기까지의 동안은 □이다.

③ 문장에 어울리는 낱말을 골라 ○표 하세요.

1) 배는 제법 큰 과일이에요. 그래서 배 하나를 다 먹으면 (배 / 감)이(가) 불러요.
2) 김밥 쌀 때 꼭 필요한 (김 / 감)은 바다에서 나지요.
3) 하늘에서 펄펄 (눈 / 말)이 내려와요.

배(船)
배(梨)
배(腹)
말(馬)
말(言)
말(斗)
눈(雪)
눈(目)
다리(橋)
다리(脚)
발(足)
발(簾)
가마(轎)
가마(머리털 부분)
가마(窯)
가마(釜)
가마(곡식 세는 단위)
밤(栗)
밤(夜)
김(穗)
김(汽)
김(苔)

너머 ≠ 넘어
[너머] [너머]

1 [보기]와 같이 소리는 같지만 글자와 뜻이 다른 낱말을 쓰세요.

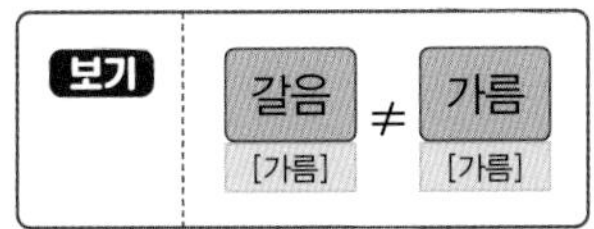

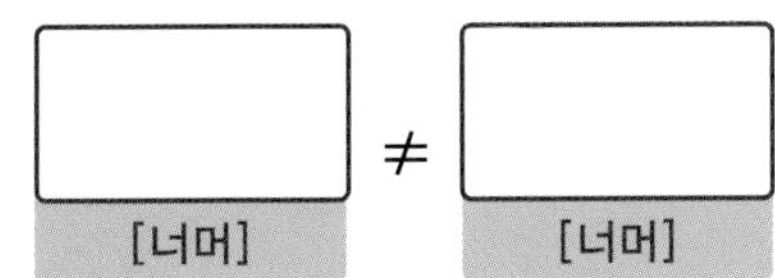

2 주어진 낱말을 넣어 문장을 완성하세요.

1) 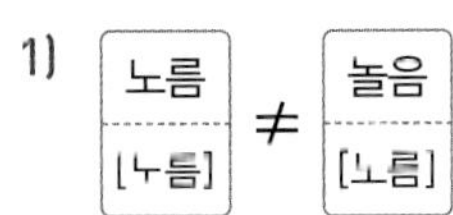

여러 사람이 모여서 즐겁게 노는 일은 □□,
돈이나 재물을 걸고 내기하는 일은 □□이다.

2) 곧 [곧] ≠ 곶 [곧] ≠ 곳 [곧]

시간적으로 머지않은 때는 □,
바다 쪽으로 뾰족하게 튀어나온 육지는 □,
일정한 자리나 지역은 □이다.

3) 반드시 [반드시] ≠ 반듯이 [반드시]

말이나 행동이 바르게라는 뜻은 □□□,
틀림없이 꼭이라는 뜻은 □□□이다.

3 문장에 어울리는 낱말을 골라 ○표 하세요.

1) 어둠 속에서 한 줄기 (빛 / 빗)을 찾았어.
2) 똥은 곡식이 잘 자랄 수 있는 (거름 / 걸음)이 된답니다.
3) 지진이 일어난 뒤에는 (반듯이 / 반드시) 해일이 일어나.
4) 푸른 언덕에 한 무리의 양 (떼 / 때)가 풀을 뜯고 있어.
5) 아기가 드디어 한 (거름 / 걸음)을 뗐어.

너머
넘어
반듯이
반드시
가름
갈음
걸음
거름
때
떼
놀음
노름
빚
빗
빛
곧
곶
곳

1)					5)				
2)		3)		4)					
							6)	7)	
								8)	
					14)				
		11)		13)					17)
	10)							16)	
9)			12)			15)			

정답 | 142쪽

가로 열쇠

2) 임금의 대를 이을 아들
4) 배우거나 본받을 만한 가르침
5) 마음이 불안하고 편치 못할 때 쓰는 말.
"내 차례가 다가오니 ○○○○에 앉은 느낌이야."
6) 김치, 술 같은 것이 잘 익는 것
8) 키 큰 몸. 단신 ↔ ○○
9) 늘려서 넓힘
10) 나이를 높여 부르는 말
12) 허함과 실함
13) 가르치는 사람. 학교 ○○
15) 틀림없이 꼭. "○○○ 해낼 거야."
16) 일에 쓰는 물건

세로 열쇠

1) 바닷속 용궁의 임금
3) 자손의 여러 대. 여러 대에 걸쳐서 이어져 오는 한 핏줄
4) 가르칠 과목의 내용을 담아서 펴낸 책. 수학 ○○○
5) 집안에서 정한 가르침. "우리 집 ○○은 정직이야."
7) 점점 커짐. "○○기 아이들은 골고루 잘 먹어야 해."
10) 시간이나 물건 따위를 길게 늘임
11) 불교에서 사람들이 살아가는 세상을 이르는 말
= 세속(世俗)
13) 교사가 수업을 준비하거나 사무를 보는 방
14) 돈을 벌기 위해 여러 사람이 함께 일하는 단체
16) 어떤 지역의 중심이 되는 사람이 많이 사는 지역
17) 옷장, 책상 등을 이르는 말

2장

승차 시, 하차 시

하차 시는 서울시, 부산시처럼 도시라는 말이 아니에요.
판다가 잘못 알아들었군요.
그럼 무슨 말일까요?
바로 '차에서 내릴 때'라는 말이에요.

그러면 하차 시에서 '시'를 대신할 수 있는 말은 무엇일까요? ( )

① 버스 ② 내리다 ③ 때

맞아요, 시(時)는 '때'를 뜻해요.
빈칸에 알맞은 말을 써 볼까요?
차에 탈 때는 승차 □,
차에서 내릴 때는 하차 □,
학교에 갈 때는 등교 □,
학교에서 집으로 올 때는 하교 □,
들어갈 때는 입장 □,
나올 때는 퇴장 □.

時 때 시

- **하차 시**(下내릴 하 車차 차 時)
  차에서 내릴 때
- **승차 시**(昇탈 승 車時)
  차에 탈 때
- **등교 시**
  (登나갈 등 校학교 교 時)
  학교에 갈 때
- **하교 시**(下校時)
  학교에서 돌아올 때
- **입장 시**(入들 입 場마당 장 時)
  들어갈 때
- **퇴장 시**(退물러날 퇴 場時)
  나올 때

저녁 먹을 때라고 배꼽시계가 알려 주었군요!
밥을 먹기 시작할 때부터 밥을 다 먹을 때까지를
식사 시간이라고 하지요?
이렇게 시간(時間)은 때와 때의 사이를 나타내기도 해요.
어떤 일을 하는 동안이라는 뜻이지요.
수업하는 동안은 수업 □□,
운동하는 동안은 운동 □□,
점심 먹는 동안은 점심 □□,
휴식을 취하는 동안은 휴식 □□.

시간을 알려면 무엇을 보면 될까요?
그래요. 시계(時計)예요.
시계는 시간을 재는 물건이에요.
시계의 큰바늘이 한 바퀴 돌면 한 시간,
작은바늘이 한 바퀴 돌면 1분이 지난 거예요.
시간을 정해 놓은 표는? 시간표고요.
수업 시간을 정해 놓은 표는? 수업 □□□.
공연 시간을 정해 놓은 표는? 공연 □□□.
빈칸에 들어갈 말은 시간표겠죠?

時	間
때 시	사이 간

때와 때의 사이

- 수업 시간
- 운동 시간
- 점심 시간
- 휴식 시간

時	計
때 시	잴 계

시간을 재는 물건

時	間	表
때 시	사이 간	표 표

시간을 정해 놓은 표

- 수업 시간표
- 공연 시간표

時	刻
때 시	정할 각

때를 정확히 정한 것

시각표(時刻 表표 표)
때를 정확히 정하여 알리는 표

기차가 언제 출발하는지, 또 언제 도착하는지
정확한 시각을 알려 주니까 시각표예요.
시간은 때와 때의 사이라고 했죠?
시각(時刻)은 때를 정확히 정해서 말하는 거예요.

그럼 다음 빈칸을 채워 봐요!
'한 시부터 두 시까지'는
때와 때의 사이니까 □□,
'한 시 반'이라고 정확히 때를
정해서 말하면 □□이에요.

時 시각 시

일시(日 날 일 時)
날짜와 시각

시계는 시간을 잴 수도 있지만, 시각을 말해 주기도 해요.
시계를 보면 지금이 언제인지 그때를 정확히 알 수 있잖아요.
이렇게 시(時)는 '시각'이라는 뜻을 갖기도 해요.

친구들과 함께 연극을 보러 가기로 했어요.
약속을 하려면 언제 공연하는지 알아야겠죠?
이때 쓰는 말이 공연 일시예요.
일시는 날짜와 시각을 말하거든요.

이번에는 하루 시간을 알아볼까요? 토끼와 거북이가 만났네요.

저런! 거북이가 정오란 말을 잘 몰랐군요.

낮 열두 시를 정오라고 해요.

정(正)은 가운데를, 오(午)는 해가 떠 있는 낮을 뜻해요.

열두 시는 해가 떠 있는 낮의 가운데니까 정오지요.

'오(午)'의 뜻을 생각하면서 빈칸을 채워 볼까요?

낮 열두 시 앞을 가리키는 말은 ☐전,

낮 열두 시 뒤를 가리키는 말은 ☐후.

午 낮 오

- **정오**(正 가운데 정 午)
  낮의 가운데, 낮 열두 시
- **오전**(午 前 앞 전)
  낮 열두 시 앞 시간
- **오후**(午 後 뒤 후)
  낮 열두 시 뒤 시간

오전은?

오전에는 새벽과 아침이 있어요. 아주 이른 새벽은 '꼭두새벽'이라고 해요. 재밌는 이름이죠? 또 밤 열두 시는 '자정'이라고 불러요.

이런 말도 있어요

나절은 하루의 낮의 절반쯤 되는 동안이에요. 한나절도 같은 뜻을 가지고 있어요. 하루의 낮은 약 12시간이니까 나절은 약 5~6시간을 말해요. 그럼, 반나절은? 나절의 절반으로 2~3시간이죠. 낮의 길이는 계절마다 달라지니까 조금씩 달라질 수 있어서 정확한 시간을 가리키는 말은 아니랍니다.

씨글자
블록 맞추기

時
때 시

하차 시
승차 시
등교 시
하교 시
입장 시
퇴장 시
시간
수업 시간
운동 시간
점심 시간
휴식 시간

1 공통으로 들어갈 한자를 따라 쓰세요.

등 교
하 교
각 표
時
때 시
수 업 간
간
계

2 어떤 낱말에 대한 설명인지 쓰세요.

1) 학교에서 집으로 올 때 → □□ □
2) 점심 먹는 동안 → □□ □□
3) 시간을 정해 놓은 표 → □□□
4) 때를 정확히 정하여 알리는 표 → □□□
5) 낮 열두 시 앞 시간을 가리키는 말 → □□

3 알맞은 낱말을 찾아 문장을 완성하세요.

1) 일요일에는 책을 실컷 읽을 수 있는 □□ 이(가) 있어서 좋아.
2) □□ □□ 을(를) 시작하는 종이 울려서 서둘러서 교실로 갔어.
3) □□ □ 에는 카드를 단말기에 대고 내려 주세요.
4) 라디오에서 낮 열두 시에 하는 □□ 뉴스가 흘러나왔어.
5) 오전에는 날씨가 맑았는데, □□ 에는 비가 왔어.

4 문장이 맞으면 ○표, 틀리면 ×표를 하세요.

1) 시계를 보면 시각을 알 수 있어요. (　　)

2) 약속을 할 때는 일시를 분명히 해야 돼죠. (　　)

3) 아주 이른 새벽을 빠른 새벽이라고 해요. (　　)

4) 밤 열두 시를 정오라고 해요. (　　)

5) 시간을 재는 물건을 시계라고 해요. (　　)

5 다음 중 '낮의 절반'을 뜻하는 알맞은 낱말을 고르세요. (　　)

① 낮반　　② 반낮
③ 낮절　　④ 나절

6 그림을 보고, 알맞는 낱말을 골라 ○표 하세요.

1)

(새벽 / 정오)

2)

(시각표 / 시산표)

시간표
수업 시간표
공연 시간표
시계
시각
시각표
일시
정오
오전
오후
나절
반나절
한나절

일 년은 사계절, 철이 바뀌네

판다가 옷을 갈아입으려고 해요.

위 그림의 괄호 안에 들어갈 말은 무엇일까요? (   )

① 유행 ② 직업 ③ 철 ④ 친구들

정답은 ③번이에요. 제목에도 있잖아요.
철은 '계절'을 뜻해요. 우리나라는 봄철, 여름철, 가을철, 겨울철, 이렇게 사철이 있어요. 사철을 사계절이라고도 해요.
사계절은 1년 동안 계절이 네 번 바뀌지요.
철이 바뀌면 날씨도 바뀌지요? 그래서 모두 옷을 갈아입어요.

참! 철이 바뀌어도 옷을 갈아입지 않는 것도 있어요.
소나무는 사시사철 푸른 잎이잖아요.
사시사철이 뭐냐고요?
사시(四時)는 봄, 여름, 가을, 겨울의 네 철, 즉 사철을 뜻해요.
그럼, 사계절 사철? 맞아요, 같은 말을 두 번 써서 사계절 내내라는 뜻을 강조한 말이에요.

철
계절

- **사철**
봄, 여름, 가을, 겨울
- **사계절**
사철

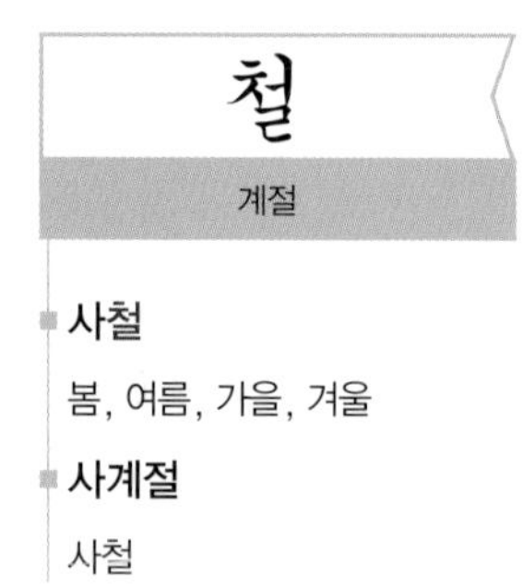

- **사시사철**
사계절

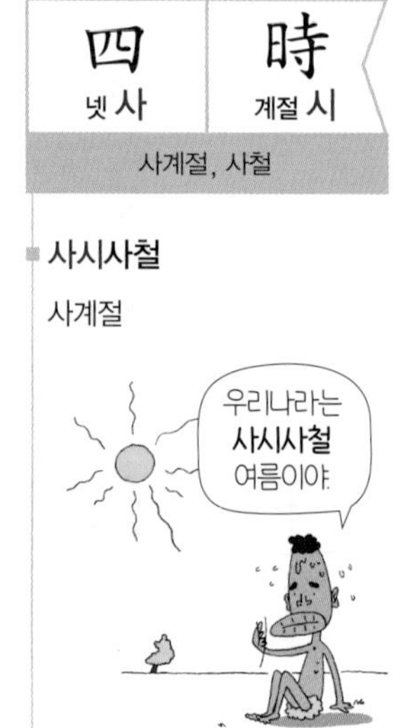

사시사철 변하지 않는 것이 있는가 하면, 어떤 특정한 계절에만 볼 수 있는 새도 있어요.

이렇게 어떤 계절에만 볼 수 있는 새는? (　　)

① 철새　　② 참새　　③ 잠깐새　　④ 그새

철새
철에 따라 이리저리 옮겨다니며 사는 새

힌트! 계절은 우리말로 '철'이잖아요.
그러니까 정답은 ①번, 철새예요.
철새는 제비처럼 한군데서 살지 않고,
계절에 따라 옮겨 다니는 새를 말해요.
참새처럼 철이 바뀌어도 한곳에 사는 새는
텃새라고 하고요.

과일들도 나는 철이 저마다 달라요.
과일 같은 농산물이 한창 나오는 때를 제철이라고 해요.
여름의 제철 과일은 수박, 참외 등이죠.
요즘엔 농사짓는 기술이 발달해서 사시사철 먹을 수 있는 과일이 많아졌어요.

제철
알맞은 때

- **제철 과일**
- **모내기 철**
모내기를 하는 때
- **장마철**
장마가 지는 때

제철은 원래 무엇에 딱 알맞은 때를 가리키는 말이에요.
삼계탕은 여름이 제철이고, 눈싸움은 겨울이 제철이죠.
모내기를 하는 때가 모내기 철이고, 장마가 지는 때는 장마철이에요. 모내기 철은 봄이고, 장마철은 여름이지요. 여름에 비가 여러 날 계속 오는 날이 많잖아요.

계절이 바뀌면 날씨가 달라지고 주변 풍경도 변해요.
나무도 옷을 갈아입고 우리의 옷차림도 달라지잖아요.
이렇게 세상이 어떻게 돌아가는지 알고 그에 맞게 행동할 만큼
생각이 자란 것을 철이 들었다고 해요.
철들다와 비슷한 말로 철이 나다가 있어요.
이렇게 철은 '세상일을 알 만한 힘'이라는 뜻으로도 쓰이죠.

그럼 '철들다'의 반대말은 뭘까요? (   )

① 철이 나갔다 ② 철없다 ③ 철이 논다

맞아요. 정답은 ②번, 철없다죠.
철없는 어린아이를 철부지라고 해요. 철을 모른다는 뜻이지요.
그러면 바뀐 철에 맞게 행동하지도 못하겠죠?
너무 어려서 진짜 철모르는 아이만 철부지인 게 아니에요.
나이에 맞지 않게 행동하는 어리석은 어른도
철부지라고 해요.
'철딱서니 없다'는 말도 있지요?
철모르다를 거칠게 표현한 말이에요.

철

세상일을 알 만한 힘

- **철들다**
  세상일을 알 만큼 생각이 자라다
- **철이 나다**
  '철들다'의 비슷한 말
- **철없다**
  '철들다'의 반대말
- **철부지**(不 못할 부 知 알 지)
  철 없는 어린아이, 어리석은 사람
- **철모르다**
  철이 없다

봄, 여름, 가을, 겨울은 한자로 춘하추동(春夏秋冬)이라고 해요. 그래서 춘, 하, 추, 동이 들어간 낱말은 계절과 관계가 있어요.

추석(秋夕)은 다음 중 어느 계절에 있을까요? (　　)

① 봄　　② 여름　　③ 가을　　④ 겨울

이름만 봐도 금방 알 수 있죠? 정답은 ③번이에요.
추석은 추수한 음식을 차려 놓고 조상님께 감사드리는 날이에요. 그해에 농사지은 것을 가을에 거두어들이는 것을 추수라고 해요. 가을에 거두어들인다 해서 '가을걷이'라고도 하지요.
옷 이름에도 계절이 들어가 있어요.
여름옷은 하복, 겨울옷은 동복.
그럼, 춘추복은 뭘까요?
맞아요, 봄가을에 입는 옷이에요.
추운 겨울이 오면 더 신이 나는 사람들이 있어요.
바로 겨울 올림픽 선수들이죠.
자, 여기서 마무리 퀴즈.
겨울철에 하는 올림픽을 뭐라고 할까요?
너무 쉽죠? 당연히 동계 올림픽이에요.
여름철은? 하계예요.

춘추복? 소나무가 무슨…

- **추석**(秋 夕 저녁 석)
  추수한 음식을 차려 놓고 조상님께 감사드리는 날
- **추수**(秋 收 거둘 수)
  그해에 농사지은 것을 가을에 거두어들임
- **하복**(夏 服 옷 복)
  여름옷
- **동복**(冬服)
  겨울옷
- **춘추복**(春秋服)
  봄가을 옷
- **하계**(夏 季 계절 계)
  여름철
- **동계**(冬季)
  겨울철
- **동면**(冬 眠 잠잘 면)
  겨울잠

씨글자 블록 맞추기

사철

사계절

사시

사시사철

철새

제철

제철 과일

모내기철

장마철

❶ 공통으로 들어갈 낱말을 쓰세요.

봼 / 사 / 제 — 새 — [ ] 계절 — 모르다 — 들다 / 없다 / 부지

❷ 어떤 낱말에 대한 설명인지 쓰세요.

1) 봄철, 여름철, 가을철, 겨울철 → □□

2) 계절에 따라 옮겨 다니며 사는 새 → □□

3) 세상일을 알 만큼 생각이 자라다 → □□□

4) 그해에 농사지은 것을 가을에 거두어들임 → □□

5) 봄가을 옷 → □□□

❸ 알맞은 낱말을 찾아 문장을 완성하세요.

1) 사과는 역시 가을이 □□(이)야.

2) 겨울에 하는 올림픽은 □□ 올림픽이야.

3) 날마다 비 오는 □□□인데, 우산 가져가야지.

4) 겨울철이 오면 겨울잠을 자는 동물들이 □□을(를) 준비 중이야.

5) 봄이 되면 겨우내 입던 동복을 벗고 □□□(으)로 갈아입어야 해.

4 문장에 어울리는 낱말을 골라 ○표 하세요.

1) 여름(철 / 사철)이 되었으니 반팔로 옷을 갈아입어야지.

2) 봄, 여름, 가을, 겨울은 한자로 (춘하추동 / 모내기 철)이야.

3) 어리석은 사람은 (철딱서니 없다 / 철들었네)(라)고 야단맞지.

4) 철없는 어린아이는 (철부지 / 벌거숭이)야.

5 다음 중 계절이 <u>다른</u> 하나를 고르세요. (　　)

① 동면　② 동복　③ 동계　④ 추석

6 계절과 어울리는 옷이 바르게 짝 지어진 것을 고르세요. (　　)

①

봄철 – 춘추복

②

여름철 – 동복

③

가을철 – 하복

④

겨울철 – 춘추복

철들다
철이 나다
철없다
철부지
철모르다
춘하추동
추석
추수
하복
동복
춘추복
하계
동계
동면

코끼리와 개미 둘 중에 누가 더 클까요? 맞아요. 코끼리가 더 커요.
이렇게 크거나 작은 정도를 재는 말이 크기예요.
코끼리의 '크기'가 개미의 '크기'보다 크다고 말하고,
개미는 코끼리보다 크기가 작다고 말하죠.

재는 말
크기, 높이, 무게 등을 잴 때 쓰는 말

크기
크거나 작은 정도를 재는 말

높이
높거나 낮은 정도를 재는 말

오른쪽 그림의 빈칸에 들어갈 알맞은 말은 무엇일까요? (　　)

① 높이　② 두께　③ 무게　④ 깊이

정답은 ①번이에요.
이 아이는 파도의 '높이'를 말하고 있어요.
높거나 낮은 정도를 재는 말은 높이예요.
건물의 높이, 나무의 높이, 탑의 높이처럼
아래에서 위까지 길면 높다고 하고,
그렇지 않으면 낮다고 하죠.
하지만 키는 '높이'로 말하지 않고,
'크기'로 말한다는 것을 알아두세요.
키가 크다, 키가 작다라고 하잖아요.

높이
높이를 '높낮이'라고 부르기도 해요.

넓이
넓고 좁은 정도를 재는 말

길이
길고 짧은 정도를 재는 말

무게
무겁고 가벼운 정도를 재는 말

몸무게
몸의 무거운 정도

아이가 방의 □□를 불평하고 있어요. 빈칸에 들어갈 말은 무엇일까요? (   )

① 높이 ② 넓이 ③ 무게 ④ 두께

맞아요, 정답은 ②번, 넓이예요.
넓이는 넓고 좁은 정도를 재는 말이거든요.
넓다, 좁다라고 말하죠.

오이와 가지 중에 누가 더 길까요?
이렇게 길고 짧은 정도를 재는 말은 길이예요.
길다, 짧다라고 말하죠.
시소를 탈 때 누가 더 무거운지 어떻게 알까요?
맞아요. 내려간 쪽에 앉은 친구가 더 무거운 거죠.
무겁고 가벼운 정도를 재는 말을 무게라고 해요.
무게가 무겁다 또는 가볍다라고 말하죠.
그럼 몸의 무겁고 가벼운 정도는 뭐라고 할까요?
그건 몸무게라고 해요.

자, 손으로 가리키고 있는 부분을 뭐라고 부를까요? (　　)

① 책의 두께　② 책의 무게
③ 책의 높이　④ 책의 길이

두께
두껍고 얇은 정도를 재는 말

굵기
굵고 가는 정도를 재는 말

깊이
깊고 얕은 정도를 재는 말

좀 헷갈리지요? 정답은 ①번, 책의 두께예요.
넓적하게 생긴 것 같지만, 옆에서 보면 높이가 보이지요?
높이가 높으면 두껍다, 낮으면 얇다라고 해요.
두께는 두껍고 얇은 정도를 재는 말이에요.

하하. 생쥐가 개똥의 '굵기'를
칭찬하고 있네요.
개똥처럼 둥글게 생긴 것의
둘레가 클 때 굵다고 말해요.
생쥐의 똥은 굵지 않네요.
'굵다'의 반대말은 가늘다죠.
이렇게 굵고 가는 정도를
재는 말은 굵기지요.

위에서 밑까지 거리가 멀면 깊다라고 하고,
거리가 가까우면 얕다라고 말해요.
깊이는 깊고 얕은 정도를
재는 말이에요.
저런, 여우와 두루미는 그릇의
'깊이'가 입 모양과 맞지 않아
먹지 못하고 있네요.
서로 그릇을 바꾸면 잘 먹을 수
있을 텐데 말이죠.

한쪽 끝에서 다른 쪽 끝까지의 거리를 재는 말

폭(幅 너비 폭)
너비의 한자어

볼
발이나 신발의 너비

발볼
발의 너비

위의 빈칸에 들어갈 말은 너비예요.
강의 이편에서 건너편까지의 거리를 강의 너비라고 하죠.
너비는 한쪽 끝에서 다른 쪽 끝까지의 거리를 뜻해요.
한자어로는 폭(幅)이라고도 하지요.
강의 '너비'와 강의 '폭'은 같은 말이에요.

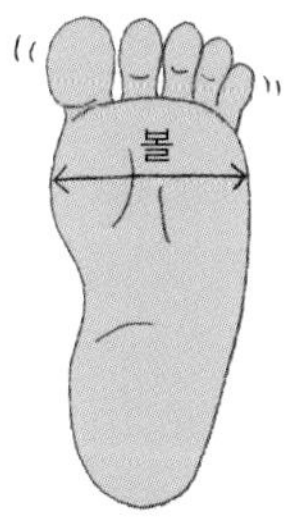

'발볼'은 정말 발에
볼이 달렸다는 말일까요?
발이나 신발처럼 넓적하게
생긴 것의 너비는
특별히 볼이라고 해요.
발바닥이 넓적하면, 발볼도 넓겠죠.

이런 말도 있어요

"일등 했다고 너무 재지 마."에서 재다는 높이나 무게를 잰다는 말이 아니에요.
이때의 재다는 '뽐내다'라는 뜻을 가진 다른 말이지요.
물건을 차곡차곡 쌓아 놓는 것도 재다라고 해요. 모두 소리가 같으니까 조심하세요!

크기 높이 넓이 길이 무게 몸무게

두께 굵기 깊이 너비 폭 볼 발볼

재는 말

재는 말
크기
크다
작다
높이
높다
낮다
높낮이
넓이
넓다
좁다
길이
길다
짧다
무게
무겁다
가볍다
몸무게

1 어떤 재는 말에 대한 설명인지 쓰세요.

1) 깊고 얕은 정도를 재는 말 → ☐☐
2) 넓고 좁은 정도를 재는 말 → ☐☐
3) 굵고 가는 정도를 재는 말 → ☐☐
4) 두껍고 얇은 정도를 재는 말 → ☐☐

2 그림을 보고, 빈칸에 들어갈 알맞은 재는 말을 쓰세요.

1) ☐☐

2) ☐☐

3) ☐☐

4) ☐☐

3 알맞은 낱말을 찾아 문장을 완성하세요.

1) 이 책은 ☐☐ 이(가) 너무 커서 가방에 안 들어가요.
2) 아파트 ☐☐ 이(가) 너무 높아서 어지러워요.
3) 이 방은 ☐☐ 이(가) 너무 좁아서 불편하겠어요.
4) 병의 ☐☐ 이(가) 깊어서 손이 닿지 않아요.

4 **문장에 어울리는 낱말을 골라 ○표 하세요.**

1) 그놈 참, 손 한번 (두껍다 / 굵다).

2) 젓가락이 (얇아서 / 가늘어서) 잡기가 어려워요.

3) 책이 (얇아서 / 가늘어서) 금세 읽었어요.

4) 난 손목이 (두꺼워서 / 굵어서) 팔씨름 왕이야.

5) 강폭이 (좁아서 / 얇아서) 배로 건너기 쉬울 거야.

5 **그림을 보고, 빈칸에 들어갈 알맞은 낱말을 고르세요. (　　)**

① 굵기　② 넓이
③ 크기　④ 두께

6 **그림을 보고, 표시된 부분과 어울리지 않는 말을 고르세요. (　　)**

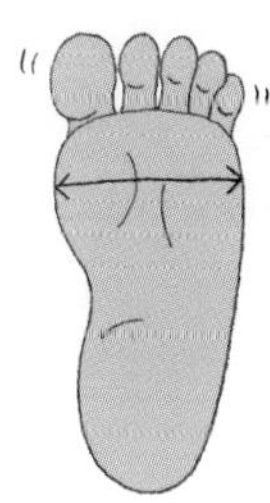

① 볼　② 폭
③ 높이　④ 너비

두께
두껍다
얇다
굵기
굵다
가늘다
깊이
깊다
얕다
너비
폭
볼
발볼
재다

씨글자 기본 어휘

낱개로 세고, 묶어서 세고

세는 말

개가 새끼를 낳았나 봐요.

그런데 그림 속 사람들은 왜 웃고 있을까요? (　　)

① 외국인이 웃기게 생겨서
② 강아지가 귀여워서
③ 강아지를 세는 말이 잘못되어서

맞아요. 정답은 ③번이에요. 강아지나 동물을 셀 때는 마리라고 해요. 그럼 사람을 셀 때는 어떤 말을 쓸까요?

세는 말
물건이나 사람을 셀 때 쓰는 말

마리
동물을 세는 말

사람, 명
사람을 세는 말

분
웃어른을 세는 말

사람　　　명　　　분

이렇게 물건이나 사람을 셀 때 쓰는 말을 세는 말이라고 해요.

한 대, 두 대 할 때의 대는 우리가 타고 다니는
자동차나 자전거 같은 물건을 세는 말이에요.

대
차나 기계, 악기 등을 세는 말

연필이나 망치, 칼처럼 조금 긴 듯한 물건은 어떻게 셀까요?
한 자루, 두 자루, 세 자루라고 세지요.

자루
조금 긴 듯한 물건을 세는 말

그럼, 성냥이나 담배는 어떻게 셀까요?
이렇게 가늘고 짧은 것은 한 개비, 두 개비라고 세요.

개비
가늘고 짧은 물건을 세는 말

모두 '개'라고 세니까 좀 이상하죠?
역시 세는 말을 알아 두는 게 좋겠어요.
빈칸을 채우면서 식물을 세는 말도 알아볼까요?
뿌리째 셀 때는 풀 한 포기, 배추 두 □□라고 해요.

포기
뿌리를 단위로 식물을 세는 말

꽃을 셀 때는 송이라고 해요.
꽃처럼 생긴 과일도 '송이'로 세지요.
장미 한 송이, 포도 두 □□, 바나나 세 송이.
그럼 나무를 셀 때는요? 맞아요, 그루라고 하면 돼요.
소나무 한 그루, 밤나무 두 □□….
어때요? 세는 물건이나 사람에 따라 세는 말들을
짝꿍처럼 생각하면 되겠죠?

송이
꽃이나 꽃처럼 생긴 과일을 세는 말

그루
식물, 특히 나무를 세는 말

양말이나 신발은 하나만으로는 쓸모가 없어요.
우리 발이 하나가 아니라 둘이니까요.
이런 물건을 셀 때에는 둘씩 묶어서 세요.
왼쪽과 오른쪽 신발이 모이면 신발 한 켤레,
왼쪽과 오른쪽 양말이 모이면 양말 한 켤레죠.

켤레

신발 따위의 짝이 되는 두 개를 한 벌로 묶어 세는 말

벌

윗옷과 아래옷을 짝을 지어 세는 말

짝짝이

서로 짝이 아닌 것끼리 합하여 이루어진 한 벌

하하하. 윗옷과 아래옷을 합쳐서
한 벌이라고 해요.
하지만 한 벌이나 한 켤레가
서로 어울리지 않거나 다르면
짝짝이라고 하지요.
또 무엇이든 서로 어울려 짝을
이룬 것은 쌍이라고 하고요.
신혼부부 한 쌍, 토끼 두 쌍, 비둘기 세 쌍….

이런 말도 있어요

조기나 고등어는 큰 것과 작은 것을 두 마리씩 짝 지어서 팔아요. 이렇게 한 손에 잡힐 만큼씩 묶어 파는 것을 손이라고 해요.
비슷한 말로 줌이 있어요. 채소 따위를 한 주먹에 쥘 만큼씩 묶어 팔 때 쓰는 말이지요. 한 줌, 두 줌이라고 해요.

쌍

둘씩 짝을 지어 세는 말

손

한 손으로 잡을 만한 분량을 세는 말

줌

한 주먹으로 쥘 만한 분량을 세는 말

김처럼 한꺼번에 많이 사는 물건들은 미리 몇 개씩 묶어 두었다 팔아요. 그리고 그렇게 묶어 둔 것을 셀 때 쓰는 말들도 따로 있지요.

김 100장은 김 한 톳, 마늘 100개는 마늘 한 접, 배추 100개도 배추 한 접이라고 해요.

잘 모르겠다고요?
묶어 세는 말을 더 알아봐요.

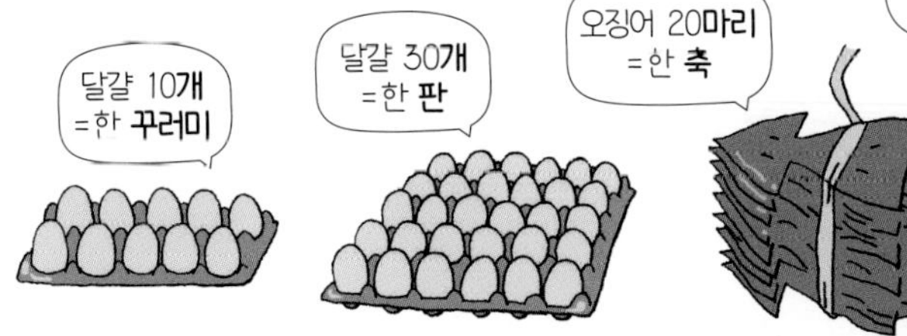

톳
김 100장을 묶어 세는 말

접
채소나 과일 100개를 묶어 세는 말

다스
12개씩 묶어 세는 것도 있어요. 연필 12자루는 연필 한 다스예요. 다스가 일본어이라 요즘엔 '타(打)'라고 바꿔 쓰기도 해요.

꾸러미
달걀 10개를 묶어 세는 말

판
달걀 30개를 묶어 세는 말

축
오징어 20마리를 묶어 세는 말

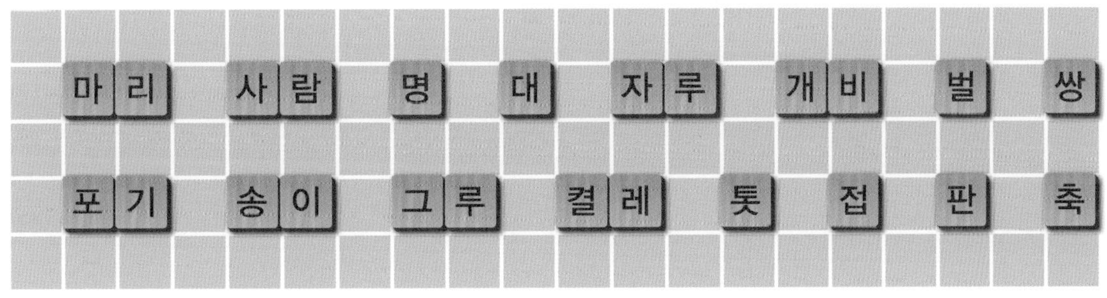

세는 말

세는 말
마리
사람
명
분
대
자루
개비
포기
송이
그루

① 어떤 세는 말에 대한 설명인지 쓰세요.

1) 동물을 세는 말 → ☐☐
2) 사람을 세는 말 → ☐☐, ☐
3) 가늘고 짧은 물건을 세는 말 → ☐☐
4) 윗옷과 아래옷을 짝을 지어 세는 말 → ☐
5) 달걀 10개를 묶어 세는 말 → ☐☐☐

② 그림과 어울리는 세는 말을 연결하세요.

1) 2) 3) 4)

명 자루 분 포기

③ 알맞은 낱말을 찾아 문장을 완성하세요.

1) 마굿간에는 말 세 ☐☐ 이(가) 있었다.
2) 엄마가 36☐☐ 이(가) 들어 있는 색연필을 사주셨다.
3) 아빠의 부탁으로 구두 두 ☐☐ 을(를) 윤이 나게 닦았다.
4) 겨울 철새인 기러기 두 마리가 ☐ 을(를) 이루어 날아간다.
5) 오징어는 스무 마리 한 ☐ 부터 주문이 가능하다.

4 문장에 어울리는 낱말을 골라 ○표 하세요.

1) 마늘 반 접은 (50개 / 100개)야.

2) 김 한 톳은 (50장 / 100장)이야.

3) 달걀 한 판은 (10개 / 30개)야.

4) 고등어 한 손은 (2마리 / 4마리)야.

5) 연필 한 다스는 (10자루 / 12자루)야.

5 다음 중 둘씩 묶어서 세는 말이 아닌 것을 고르세요. (　　)

① 쌍　② 켤레　③ 벌　④ 접

6 [보기]와 같이 그림에 알맞은 낱말을 빈칸에 쓰세요.

보기

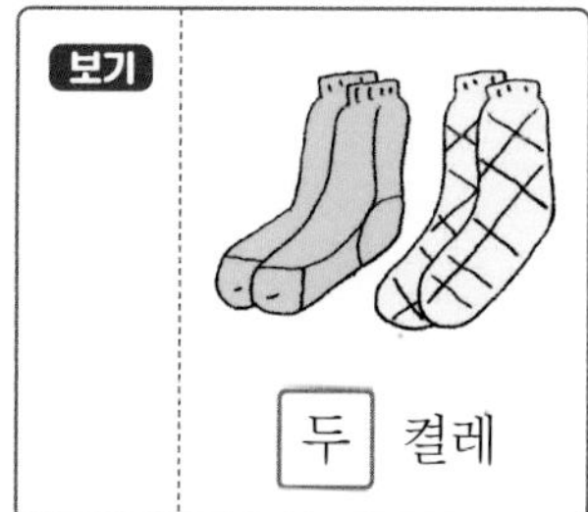

두 켤레

1)

☐ 쌍

2)

☐ 손

3)

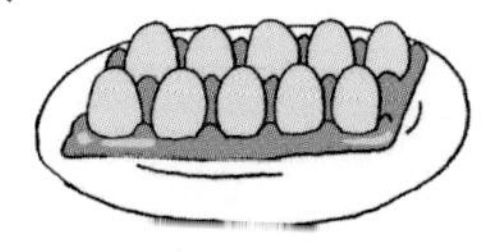

☐ 꾸러미

켤레
벌
짝짝이
쌍
손
줌
톳
접
다스
꾸러미
판
축
줄

작다고 무시하지 마!

작다고 무시했다가 혼쭐이 났네요.
'작다'라는 말은 언제 쓸 수 있을까요?
아래 그림에서 찾아 ○표 해 볼까요?

작다
높이나 크기가 보통보다 덜하다

맞아요. 정답은 ①번과 ④번이에요.
작다는 높이나 크기가 보통보다 덜하다는 말이지요.
'작다'의 뜻을 생각하며, 빈칸을 채워 볼까요?
키가 □아서 걱정이에요.
□으면 어때요, 건강하면 되지요.
□은 고추가 매워요.

작다는 숫자의 크기를 말할 때도 써요.
어느 쪽에 들어 있는 사탕의 숫자가 더 작을까요?

작다
비교하는 수에 미치지 못하다

다음 표에 사탕의 개수만큼 ◯표 해 보세요.

(사탕)	○	○	○	○	○		
(사탕)							

어느 쪽 동그라미가 더 많아요? 당연히 노란색 사탕이 7개로 더 많겠죠?
그래서 7은 5보다 크다고 말해요.
그럼 5는요? 5는 7보다 작다고 말하죠.
이렇게 수에도 큰 수와 작은 수가 있어요.

작다
일의 정도나 중요성이 보통보다 덜하다

실수는 눈에 보이지 않아요.
작은 실수라니, 무슨 말일까요?
이때 작다는
일의 정도나 중요성이
보통보다 덜하다는 뜻이에요.
신발주머니를 잃어버리면 불편하겠죠?
하지만 다음부터 조심하면 되니까,
작은 실수라고 할 수 있어요.
작은 잘못은 금방 고칠 수 있는 잘못이고,
작은 문제는 금방 해결할 수 있는 문제니까요.

'작다'의 반대말은 '크다'예요.
크기를 나타내는 말로 '크다'도 쓸 수 있답니다.

변에도 큰 것, 작은 것이 있어요!
작은 건 소변, 큰 건 대변이라고 하잖아요.
합쳐서 대소변이라고도 하지요.
여기서 소(小)는 '작다'라는 뜻의 한자어예요.
작은 도시는 □도시, 작은 나라는 □국이지요.
반대로 큰 도시는 대도시예요.
물건은 크기에 따라 대·중·□로 나눌 수 있어요.

아니죠, 여기서 대인은 키가 큰 사람이 아니라,
나이가 많은 어른을 가리키는 말이에요.
그럼 소인은요? 나이가 어린 사람을 말해요.
비슷한 말로 소아가 있지요.
우리 친구들이 아프면 가는 병원이 바로 소아과잖아요?

小 작을 소

- **소변**(小 便똥오줌 변)
  작은 변, 오줌
- **소도시**
  (小 都도읍 도 市도시 시)
  작은 도시
- **소국**(小 國나라 국)
  작은 나라
- **소인**(小 人사람 인)
  나이가 어린 사람
- **소아**(小 兒아이 아)
  나이가 적은 아이
- **소아과**(小兒 科과목 과)
  아이가 아플 때 가는 병원

大 큰 대

- **대변**(大便)
  큰 변, 큰 똥
- **대도시**(大都市)
  큰 도시
- **대·중·소**
  (大 中가운데 중 小)
  물건을 크기에 따라 나누는 말
- **대인**(大人)
  나이가 많은 사람, 어른

적다

양이 보통에 못 미치다

크기
작다 ↔ 크다

양
적다 ↔ 많다

달걀의 크기를 말할 때는 '작다',
고기의 양을 말할 때는 '적다'라고 하는 거예요.
그러니까 작다는 크기, 적다는 양을 나타낼 때 쓰는 말이죠.
"오늘은 숙제가 □□□ 놀 시간이 많아."
숙제에 크기는 없잖아요?
그러니까 빈칸에는 '적어서'가 들어가야 해요.
숙제의 양이 적어서 놀 시간이 많은 거죠.
다음 빈칸에는 무엇을 넣어야 할까요?

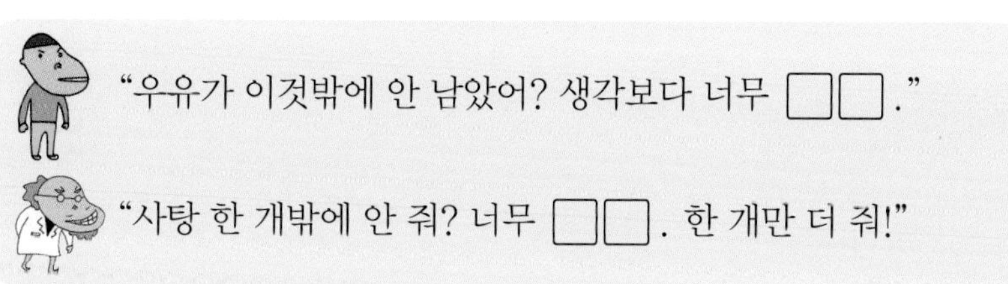

"우유가 이것밖에 안 남았어? 생각보다 너무 □□."
"사탕 한 개밖에 안 줘? 너무 □□. 한 개만 더 줘!"

우유는 양을 헤아려야 하니까 '적다'를 써요.
한 개, 두 개도 수의 양을 헤아리는 말이니까 '적다'!

적잖이
'적잖이'는 '적지 않다'에서 온 말이에요.
(적지 않다 → 적잖다 → 적잖이)
적지 않으니까 '꽤 많다'는 말이죠.

작다

작다
(높이나 크기가 보통보다 덜하다)

작다
(비교하는 수에 미치지 못하다)

작다
(일의 정도나 중요성이 보통보다 덜하다)

소변

소도시

소국

소인

소아

소아과

1 공통으로 들어갈 낱말을 빈칸에 쓰세요.

• 사과는 수박보다 크기가 □□.
• 5는 7보다 □□.
• 나는 아빠보다 키가 □□.

➜ □□

2 어떤 낱말에 대한 설명인지 쓰세요.

1) 작은 도시 ➜ □□□
2) 작은 나라 ➜ □□
3) 나이가 적은 아이 ➜ □□
4) 큰 변, 큰 똥 ➜ □□
5) 양이 보통에 못 미치다 ➜ □□

3 알맞은 낱말을 찾아 문장을 완성하세요.

1) 실제로 보니 코끼리는 정말 □□.
2) □□ 거짓말이 큰 거짓말이 될 수도 있어.
3) 작아도 똑똑하지? □□ 고추가 더 맵다니까.
4) 배가 아직까지 부르네. 밥을 너무 □□ 먹었나 봐.
5) 동물원 입장료가 어린이처럼 소인은 1,000원이고,
엄마, 아빠처럼 □□은 1,500원이야.

4 **문장에 어울리는 낱말을 골라 ○표 하세요.**

1) 9는 11보다 (작은 / 큰) 수야.

2) 이곳은 사람이 많이 살지 않는 (대도시 / 소도시)예요.

3) 어린이가 아프면 (소아과 / 소도시)에 가요.

5 **그림을 보고, 알맞은 낱말을 골라 ○표 하세요.**

1) 키가 (적다 / 작다).

2)

밥이 (많다 / 크다).

6 **가운데 그림을 보고, 맞는 말을 한 사람을 고르세요. (　　)**

- 대변
- 대도시
- 대·중·소
- 대인
- 적다
- 많다
- 작다
- 크다
- 적잖이

저런! '잘게' 썬다는 말을 잘못 알아들었군요.

잘다

둘레의 크기가 작다

알이 잘다

둥근 과일의 크기가 작다

어떻게 써는 게 잘게 써는 걸까요? (　　)

③번처럼 썰어야 맞아요. 조각들의 크기가 참 작죠?
이렇게 크기가 작은 것을 '잘다'라고 해요.
그럼 왜 작다고 하지 않고 잘다고 할까요?
잘다는 둘레의 크기가 작을 때 쓰는 말이거든요.
둥글게 생긴 것들의 크기를 가리키는 말이죠.
오른쪽 그림을 보세요.
밤, 호두, 배가 모두 둥글게 생겼죠?
그런데 농부 아저씨가 왜 실망하셨을까요?
올해 거둔 과일들이 모두 '알이 잘아서' 그래요.
둥근 과일의 크기가 작으면 알이 잘다라고 해요.

오징어를 너무 '잘게' 찢어 주니까 화가 났군요.
'잘게' 찢는 건 짧고 가늘게 찢는다는 말이에요.
길쭉한 것이 작고 가늘게 생겼을 때도 잘다라고 하지요.
통나무를 작고 가늘게 쪼개면, 통나무를 □게 쪼갠 거예요.
종이를 짧고 가늘게 찢으면, 종이를 □게 찢은 거지요.

잘다

작고 가늘다

'잘게'와 잘 어울리는 말은 '부수다, 썰다, 자르다, 쪼개다, 찢다'예요. 모두 작고 가늘게 만들어 버리는 일과 관계가 있지요.

여러 개가 모두 크기가 작을 때 자잘하다라고 해요.
자잘한 일은 중요하지 않은 작은 일을 말하죠.
그런데 사람이 자잘하다고 말할 때도 있어요.
작은 일들에 일일이 신경 쓰는 사람을 자잘한 사람이라고 해요.
하지만 듣는 사람이 기분 나빠할 수 있으니까
조심해서 써야 해요. 알았죠?

자잘하다

여러 개가 모두 크기가 작다, 중요하지 않다

- **자잘한 일**
  중요하지 않은 일
- **자잘한 사람**
  작은 일에 일일이 신경 쓰는 사람

그럼 잔털은 어떤 털일까요? (　　)

① 낮잠 자는 털　　② 잔에 담긴 털　　③ 가늘고 짧은 털

맞아요, 정답은 ③번, 가늘고 짧은 털이에요.
'잔'은 '잘다'에서 온 말이거든요.
그래서 잔이 붙으면 원래 뜻에 '가늘고 작다',
'가늘고 짧다'라는 뜻이 더해져요.
자, 그럼 큰 소리로 읽으면서 다음 빈칸을 채워 볼까요?
나무 끝에 달린 가늘고 짧은 가지는 □가지,
굵은 뿌리에서 돋아나는 가늘고 짧은 뿌리는 □뿌리,
들판에 피어난 가늘고 짧은 풀들은 □풀,
웃으면 눈가에 생기는 가늘고 작은 주름은 □주름이죠.

그런데 생선에 있는 잔뼈를 부르는 말은 뭘까요? (　　)

① 잔가시　　② 생뼈　　③ 물고기 뼈　　④ 인어 뼈

딩동댕! ①번, 잔가시에요.
생선을 먹을 때에는 잔가시를 잘 발라내야 해요.
목에 걸리면 정말 괴롭다고요!

잔-

가늘고 짧은

- **잔털**
  가늘고 짧은 털
- **잔가지**
  가늘고 짧은 가지
- **잔뿌리**
  가늘고 짧은 뿌리
- **잔풀**
  가늘고 짧은 풀
- **잔주름**
  가늘고 작은 주름
- **잔가시**
  가늘고 작은 가시

잔뼈

아직 다 자라지 않은 가늘고 약한 뼈를 잔뼈라고 해요.
'잔뼈가 굵다'는 어리고 약한 뼈가 튼튼해졌다는 말이지요.
다 자라 어른이 되거나 어떤 일을 자꾸 겪어 익숙해졌다는 뜻으로 쓰는 표현이에요.

별로 힘들이지 않고 할 수 있는 작은 심부름을 뭐라고 할까요? 바로 잔심부름이에요. 대단하거나 중요하지 않은 작은 일이라서 잔이 붙은 거예요.

그럼 아래의 빈칸을 채워서 낱말들을 완성해 봐요.

중요하지 않은 작은 일들은 □일,

작은 일들을 일일이 걱정하는 것은 □걱정,

큰 병은 아니지만 여러 번 앓는 작은 병은 □병,

잔병을 자주 앓는 일은 □병치레라고 해요.

자, 그럼 친구들이 아주 싫어하는 잔소리는 뭘까요? 혼자서도 잘할 수 있는데 참견하고 야단하는 말이죠.

쓸데없이 늘어놓는 말은 잔말,

금방 들통 날 얕은 꾀는 잔꾀랍니다.

잔-

중요하지 않은

잔심부름
힘 안 들이고 할 수 있는 작은 심부름

잔일
중요하지 않은 작은 일

잔걱정
작은 일들을 일일이 걱정하는 것

잔병
여러 번 앓는 작은 병

잔병치레
잔병을 자주 앓는 것

잔소리
참견하고 야단하는 말

잔말
쓸데없이 늘어놓는 말

잔꾀
금방 들통날 얕은 꾀

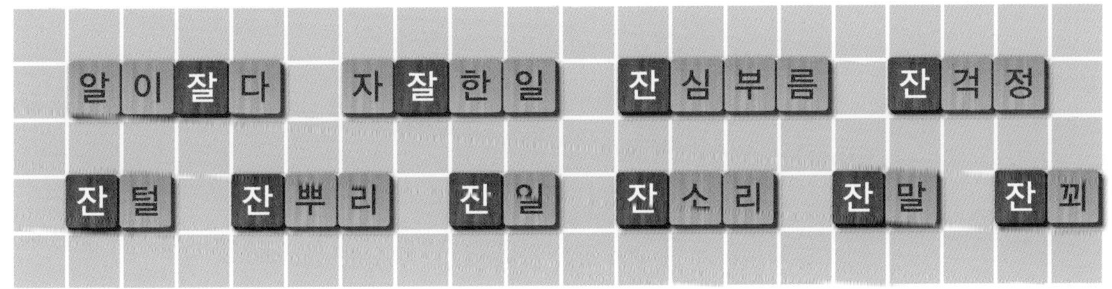

씨글자 블록 맞추기

잘다

- 잘다 (둘레의 크기가 작다)
- 알이 잘다
- 잘다 (작고 가늘다)
- 자잘하다
- 자잘한 일
- 자잘한 사람
- 잔털
- 잔가지
- 잔뿌리
- 잔풀
- 잔주름

1 공통으로 들어갈 낱말을 쓰세요.

털 / 풀 — 소 리 — [ ] — 심 부 름 — 병 / 말

2 어떤 낱말에 대한 설명인지 쓰세요.

1) 둥근 과일의 크기가 작다 ➜ 알이 ☐☐.
2) 작고 가늘다 ➜ ☐☐.
3) 나무 끝에 달린 가늘고 짧은 가지 ➜ ☐☐☐
4) 중요하지 않은 작은 일 ➜ ☐☐
5) 잔병을 자주 앓는 것 ➜ ☐☐☐☐

3 알맞은 낱말을 찾아 문장을 완성하세요.

1) 인삼은 ☐☐☐까지 모두 먹어야 효과가 좋아.
2) 어제 갈치를 먹다가 ☐☐☐이(가) 목에 걸려서 혼났지 뭐야.
3) 우리 엄마는 ☐☐☐이(가) 너무 심하셔.
4) 철수는 부모님의 ☐☐☐☐을(를) 도맡아 하는 착한 아이야.
5) 자세히 보면 우리 몸은 수많은 ☐☐(으)로 덮여 있어.

4 **문장에 어울리는 낱말을 골라 ○표 하세요.**

1) 우리 할머니는 내가 다칠까 봐 (잔걱정 / 잔꾀)이(가) 많으셔.

2) (잔풀 / 잔말) 말고 우리 집에 빨리 오기나 해.

3) 형은 크게 아프지는 않지만 감기 같은 (잔병치레 / 잔심부름)이(가) 심해.

4) 어머니의 눈가에 (잔주름 / 잔꾀)이(가) 잡히고 있네.

5) 할아버지는 농사일로 (잔가시 / 잔뼈)가 굵으셔.

5 **그림을 보고, 빈칸에 들어갈 알맞은 낱말을 쓰세요.**

→ □

6 **그림을 보고, 빈칸에 들어갈 알맞은 낱말을 쓰세요.**

1)

엄마는 여러 가지 □□□□을(를) 시키셨다.

2)

수업 시간에 몰래 자려고 □□을(를) 부린다.

잔가시 | 잔뼈 | 잔심부름 | 잔일 | 잔걱정 | 잔병 | 잔병치레 | 잔소리 | 잔말 | 잔꾀

개도 사과도 모두 생물

생물 도감을 보고 있네요. 생물은 '날 생(生)'과 '생물 물(物)' 자를 써서 생명이 있는 것을 말해요. 생물에는 개, 고양이처럼 움직이는 동물이 있어요. 동은 '움직일 동(動)'이랍니다. 또 나무, 꽃처럼 땅에 심겨 있어서 움직이지 못하는 식물이 있고요. 식은 '심을 식(植)'이에요. 우리 주변에 있는 생물을 좀 더 알아볼까요?

종류도 다양한 동물

어떤 동물을 가장 좋아하나요? 삽살개? 진돗개? 푸들?
이 동물은 모두 개들이에요.
"저기 삽살개, 진돗개, 푸들이 있어."를 "저기 개들이 있어."라고 간단히 쓸 수 있겠죠?
그런데 동물은 움직이는 모든 생물이잖아요. 움직이는 생물 중에는 하늘을 나는 새도 있어요. 참새, 비둘기, 까치 등을 우리 주변에서 쉽게 볼 수 있지요. 이 새들은 철이 바뀌어도 사는 곳을 옮기지 않는 텃새라고 불러요.

生 날 생 | 物 생물 물
생명이 있는 것

- **동물**(動움직일 동 物)
  움직이는 생물
- **식물**(植심을 식 物)
  땅에 심겨 있어서 움직이지 못하는 생물
- **개**
  삽살개, 진돗개 등의 동물
  과학 갯과의 포유류
- **새**
  하늘을 날 수 있는 동물
- **텃새**
  사는 곳을 옮기지 않는 새
- **철새**
  철에 따라 옮겨 다니며 사는 새
- **여름새**
  우리나라에 봄에 와서 여름까지 사는 철새

철에 따라 이리저리 옮겨 다니며 사는 철새도 있어요. 제비, 뻐꾸기, 뜸부기는 봄에 우리나라에 와서 여름까지 새끼를 낳아 기르다가 가을에 남쪽으로 날아가는 여름새지요. 반대로 겨울을 보내고 봄에 북쪽으로 가는 새는 겨울새라고 해요. 기러기, 두루미 등이 있어요.
그리고 물속을 헤엄치는 물고기도, 머리·가슴·배에 세 쌍의 다리가 있는 곤충도 모두 동물이랍니다.

종류도 다양한 식물

움직이는 모든 생물이 동물이라면, 움직이지 않는 생물은 무엇일까요? 맞아요. 땅에 심겨 있어서 항상 제자리에 있는 식물이에요. 식물 하면 꽃과 나무가 떠오르죠? 그것 말고도 이 세상에는 아주 다양한 식물이 있답니다.
파, 당근, 오이같이 먹을 수 있는 나물인 채소, 사과, 포도, 밤같이 먹을 수 있는 열매인 과일, 장미, 개나리 같은 꽃, 소나무, 은행나무같이 줄기가 굵고 목질로 된 나무가 있지요.
모두 움직이지는 않지만, 생명이 있는 식물이에요.
그런데 반대로 생명이 없는 것도 있어요. 생물 앞에 '없을 무(無)' 자를 붙여 무생물이라고 해요. 승용차, 트럭 같은 자동차는 움직이기는 하지만 엔진의 힘을 이용해 움직이기 때문에 생명이 없는 무생물이에요. 또 공책, 연필, 지우개 등의 학용품도 생명이 없는 무생물이랍니다.

겨울새
우리나라에 가을에 와서 겨울까지 사는 철새

물고기
물에 사는 동물

곤충
과학 몸의 구조가 머리·가슴·배로 나뉘고 세 쌍의 다리, 두 쌍의 날개가 있는 동물

채소(菜 나물 채 蔬 풀 소)
나물로 먹을 수 있는 풀

과일
먹을 수 있는 나무 열매

꽃
꽃이 피는 식물

나무
줄기가 굵고 목질루 된 식물

무생물(無 없을 무 生物)
생명이 없는 것

자동차(自 스스로 자 動 움직일 동 車 차 차)
엔진의 힘을 이용해 스스로 움직이는 차

학용품(學 배울 학 用 쓸 용 品 물건 품)
공부하는 데 쓰는 물건

거울을 만들려면 물질이 필요해

내 방 주위를 둘러보세요. 옷, 운동화, 책상, 거울, 컵 등이 있어요. 이렇게 모양을 가지고 있어서 보거나 만질 수 있는 것을 물체라고 해요. 그리고 이 물체의 바탕이 되는 재료를 물질이라고 하지요. 거울이 물체라면 유리는 물질이에요.

여러 가지 물질

깨끗한 물이나 소금처럼 다른 것이 섞이지 않은 것을 흔히 순수하다고 말해요. 이처럼 다른 것이 전혀 섞이지 않은 순수한 물질을 순물질이라고 하죠.

그런데 물에 소금을 타면 짠 소금물이 되잖아요. 이렇게 두 가지 이상의 물질이 섞여서 합쳐진 것은 혼합물이에요. 소금물 외에 흙탕물, 우유 같은 것도 혼합물이지요.

순물질 중에서 다이아몬드나 철처럼 원소 하나로만 되어 있는 물

物	質
물체 물	바탕 질

물체의 바탕이 되는 재료

- **물체**(物 體몸 체)
  물건의 형체가 있는 것
- **순물질**(純순수할 순 物質)
  순수한 물질
- **혼합물**(混섞일 혼 合모을 합 物)
  두 가지 이상이 섞인 물질
- **홑원소 물질**(元으뜸 원 素본디 소 物質)
  하나의 원소로 이루어진 물질
- **화합물**(化달라질 화 合物)
  둘 이상의 원소가 합해져 만들어진 새로운 물질

질은 하나를 뜻하는 '홑' 자가 붙어서 홑원소 물질이라고 해요. 반면 원소가 합쳐져서 새로 만들어진 물질은 화합물이고요. 산소와 수소가 화합해서 만들어진 물이 대표적인 화합물이지요.

계속 변하는 물질

모든 물질은 온도에 따라 상태가 계속 변화해요.

물은 보통 때는 손으로 만질 수 없이 흐르는 액체였다가, 냉동고에 넣어 두면 손으로 만질 수 있는 고체 상태가 되지요. 또 주전자에 넣고 100℃까지 끓이면 수증기가 되어 기체 상태로 변해요.

이렇게 물질이 변화하는 현상을 가리키는 낱말들도 있어요.

액체가 기체로 변화하면 기화 또는 증발,

기체가 액체로 변화하면 액화라고 해요.

고체가 액체로 변화하면 녹아서 풀어진다고 해서 융해,

액체가 고체로 변화하면 엉겨서 딱딱해진다고 해서 응고지요.

고체가 액체를 건너뛰어 곧바로 기체로 변화하면 승화라고 해요. 화려하게 하늘로 오른다는 뜻이죠. 고체인 드라이아이스가 기체로 변하는 모습이 바로 승화가 일어나는 순간이에요.

이렇게 물질의 상태를 변화시키는 끓는점, 어는점, 녹는점은 물질마다 달라요.

끓는점은 액체가 끓어서 기체가 되는 온도, 어는점은 액체가 얼어서 고체가 되는 온도, 녹는점은 고체가 녹아서 액체가 되는 온도랍니다.

액체(液액체 액 體)
물과 같은 흐르는 물질의 상태

고체(固단단할 고 體)
단단한 물질의 상태

기체(氣공기 기 體)
공기와 같은 물질의 상태

기화(氣 化될 화)
액체가 기체로 변하는 현상

증발(蒸데울 증 發떠날 발)
액체가 데워져 날아가는 현상

액화(液化)
기체가 액체로 변하는 현상

융해(融녹일 융 解풀 해)
고체 상태의 물질이 녹아 풀어져 액체로 되는 현상

응고(凝엉길 응 固굳을 고)
액체 상태의 물질이 엉겨 굳는 현상

승화(昇오를 승 華꽃이 필 화)
고체가 액체 상태를 거치지 않고 바로 기체가 되는 현상

끓는점(點점 점)
액체가 끓어서 기체가 되는 온도

어는점(點)
액체가 얼어서 고체가 되는 온도

녹는점(點)
고체가 녹아서 액체가 되는 온도

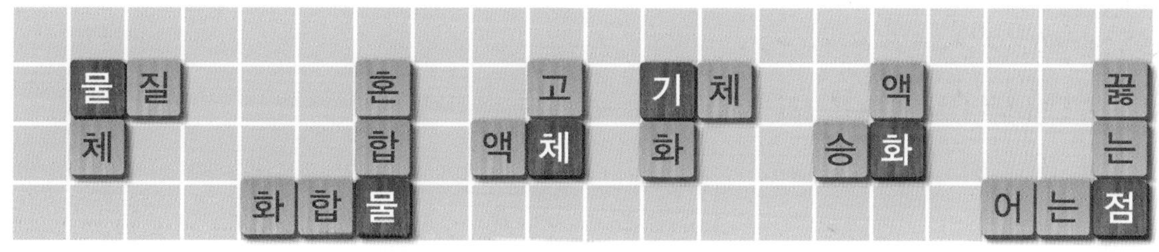

씨낱말 블록 맞추기

생 물

______월 ______일 / 정답 143쪽

1 [보기]의 낱말과 관련이 있으며, 생명이 있는 것을 뜻하는 낱말을 쓰세요.

보기 채소 과일 새 여름새 개 꽃

□□

2 주어진 낱말을 넣어 문장을 완성하세요.

1) 과일 / 채소
파, 오이, 당근처럼 먹을 수 있는 나물은 □□,
사과, 밤처럼 먹을 수 있는 열매는 □□이다.

2) 철 / 텃새
철에 따라 사는 곳을 옮기는 새는 □□,
사는 곳을 옮기지 않는 새는 □□라고 한다.

3) 자동차 / 학용품
문방구가 문을 닫아서 □□□을(를) 사러
□□□을(를) 타고 마트에 갔어요.

3 문장에 어울리는 낱말을 골라 ○표 하세요.

1) 개, 새, 물고기는 (동물 / 식물)이야.

2) 자동차는 생명이 없는 (무생물 / 생물)이야.

3) 제비, 뻐꾸기는 봄에 우리나라에 와서 여름까지 새끼를 낳아 기르다 가을이 되면 떠나는 (여름새 / 겨울새)야.

4 짝 지은 낱말의 관계가 [보기]와 다른 것을 고르세요. ( )

보기 개 – 삽살개

① 새 – 참새 ② 꽃 – 장미 ③ 개구리 – 두꺼비
④ 동물 – 고래 ⑤ 학용품 – 공책

생물
동물
식물
개
새
텃새
철새
여름새
겨울새
물고기
곤충
채소
과일
꽃
나무
무생물
자동차
학용품

1 **[보기]의 낱말과 관련이 있으며, 물체의 바탕이 되는 재료를 뜻하는 낱말을 쓰세요.**

보기: 액체 고체 기체 유리 물 소금

☐☐

2 **주어진 낱말을 넣어 문장을 완성하세요.**

1) 물 질 / 체

나무, 흑연으로 만든 연필은 ☐☐,
연필을 만든 나무, 흑연은 ☐☐이다.

2) 기 / 액 화

액체가 기체로 변화하면 ☐☐,
기체가 액체로 변화하면 ☐☐이다.

3 **문장에 어울리는 낱말을 골라 ○표 하세요.**

1) 물이 끓기 시작하는 (끓는점 / 녹는점)은 100℃야.
2) 물은 다른 것이 전혀 섞이지 않은 (순물질 / 혼합물)이야.
3) 녹은 초콜릿을 냉장고에 넣어 딱딱하게 (응고 / 융해)시켜야지.

4 **예문에 알맞은 낱말을 빈칸에 쓰세요. [과학]**

자갈처럼 단단한 물질의 상태를 ☐☐라고 한다. 물이나 음료수처럼 담는 그릇에 따라 모양은 변하지만 양은 변하지 않는 흐르는 물질의 상태는 ☐☐이다. 수소나 산소처럼 일정한 모양과 부피가 없는 물질은 ☐☐이다.

물질
물체
순물질
혼합물
홑원소 물질
화합물
액체
고체
기체
기화
증발
액화
융해
응고
승화
끓는점
어는점
녹는점

어떤 직업을 갖고 싶나요?

친구들은 어떤 직업을 가지고 싶어요? 대부분의 어른들은 살아가는 데 필요한 돈을 벌기 위해 일을 하고 살아요. 일을 하기 위해서 갖는 것이 직업이에요. 여기서 '직(職)'은 직분이라는 뜻으로 일과 관련되어 있답니다. '업(業)'도 일이라는 뜻이죠. 직업과 관련된 낱말을 알아보고, 커서 어떤 직업을 갖고 싶은지 생각해 볼까요?

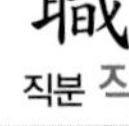

職	業
직분 직	일 업

일을 하기 위해 갖는 것

- 직장(職 場장소 장)
- 직원(職 員사람 원)
- 구직(求구할 구 職)
- 이직(移옮길 이 職)
- 사직(辭사퇴할 사 職)
- 실직(失잃을 실 職)
  직장을 잃음
- 실업(失業)
  일을 잃음
- 실직자(失職 者사람 자)
  직장을 잃은 사람
- 실업자(失業者)
  직업이 없는 사람
- 퇴직(退물러날 퇴 職)
  현직에서 물러남
- 퇴직자(退職者)
  퇴직한 사람

직업을 나타내는 직(職)

'직'은 직분, 직업과 관련된 낱말에 많이 쓰여요.
직업을 가진 사람들이
일하는 곳은 □장,
직장에서 일하는 사람은 □원,
직원이 되기 위해 일할 직업을 구하는 것은 구□,
직장을 옮기는 것은 이□,
일을 하다가 그만두는 것은 사□이에요.
사직 중에서 가장 슬픈 사직은 직장을 잃는 실직과 일을 잃는 실업이에요. 이렇게 실직한 사람을 실직자나 실업자라고 해요.
일반적으로 직장을 그만둘 때는 현직에서 물러난다는 뜻의 퇴직을 해요.
퇴직한 사람은 퇴직자라고 하지요.
우리 사회에는 아주 다양한 직업이 있어요. 이렇게 다양한 직업의 종류를 직종이라고 해요. 직업상에서 맡은 일을 직무라고 하고요.
국가 기관 또는 공공 단체에서의 직무는 공직,
국가와 관련된 직무는 관직, 학생을 가르치는 직무는 교직이지요.

기업을 나타내는 업(業)

우리가 직원으로 들어가 일하게 되는 곳을 기업이라고 해요. 기업은 돈을 벌기 위해 물건을 만들거나 파는 일을 하는 조직이에요.
사업에 투자할 돈이나 직원이 많은 기업은 대기업,
자본금이나 직원 수 등의 규모가 작은 기업은 중소기업이지요.
세계 여러 나라에 계열 회사를 거느린 대기업은 다국적 기업이라고 해요.
그럼 벤처 기업은 뭘까요? 맞아요, 앞선 기술과 생각으로 새로운 사업에 도전하는 작은 기업을 말해요. 벤처(venture)는 모험이나 도전이라는 뜻이거든요.
새로운 일에 도전하고 싶다면, 벤처 기업가를 꿈꿔 보세요.

- **직종**(職 種종류 종)
  직업의 종류
- **직무**(職 務일 무)
  직업상에서 맡은 일
- **공직**(公관청 공 職)
  국가 기관 또는 공공 단체에서의 직무(일)
- **관직**(官벼슬 관 職)
  국가와 관련된 직무(일)
- **교직**(敎가르칠 교 職)
  학생을 가르치는 직무(일)
- **기업**(企꾀할 기 業)
  돈을 벌기 위해 물건을 만들거나 파는 일을 하는 조직
- **대기업**(大큰 대 企業)
  규모가 큰 기업
- **중소기업**(中가운데 중 小작을 소 企業)
  규모가 작은 기업
- **다국적 기업**(多많을 다 國나라 국 籍문서 적 企業)
  세계 여러 나라에 계열 회사를 거느린 대기업
- **벤처 기업**(venture 企業)
  새로운 사업에 도전하는 작은 기업

관혼상제, 일생에 중요한 네 가지 예식

우리나라에는 옛날부터 소중하게 치러 온 네 가지 예식이 있어요. 바로 관혼상제라고 해요. 아이가 어른이 될 때 갓을 씌워 주던 예식인 관례, 혼인을 하는 예식인 혼례, 사람이 죽은 뒤의 예식인 상례, 제사를 지내는 예절인 제례예요. 관혼상제와 관련해 일상생활에서 많이 쓰는 낱말들을 알아볼까요?

관례, 혼례와 관련된 낱말

아이가 다 자라서 어른이 되면 성년이 되었다고 해요.

지금보다 수명이 짧았던 옛날에는 15세가 넘으면 성년식을 치렀어요. 남자아이는 머리를 묶어 상투를 틀고 갓을 씌우는 관례를, 여자아이는 머리를 올려 비녀를 꽂아 주는 예식을 치렀지요.

오늘날에는 만으로 20세가 되면 성년으로 인정해요. 해마다 5월 셋째 주 월요일을 성년의 날로 정하여 기념하지요.

옛날에는 성년이 되면 남자와 여자가 부부가 되는 혼인을 했어요. 혼인을 하는 예식을 혼례라고 하지요. 전통 혼례는 길고 복잡해요. 오늘날에는 대부분 짧고 간편한 결혼식을 올려요. 결혼식은 부부 관계를 서약하는 의식을 뜻해요.

冠	婚	喪	祭
갓 관	혼인 혼	죽음 상	제사 제

관례, 혼례, 상례, 제례를 아울러 이르는 말

- **관례**(冠 禮예식 예)
  아이가 어른이 될 때 치르던 예식
- **혼례**(婚禮)
  혼인을 하는 예식
- **상례**(喪禮)
  사람이 죽은 뒤의 예식
- **제례**(祭禮)
  제사를 지내는 예절
- **성년**(成이룰 성 年해 년)
  어른이 됐다고 여기는 나이
- **성년식**(成年 式법 식)
  성년이 된 사람이 치르는 의식
- **성년**(成年)**의 날**
  성년이 되는 것을 기념하는 날
- **혼인**(婚 姻혼인 인)
  남자와 여자가 부부가 되는 것

상례, 제례와 관련된 낱말

우리 조상들은 사람이 살아 있을 때의 예식 못지않게 죽은 뒤의 예식도 중요하게 생각했어요.

"어제 상갓집에서 밤을 새웠어."

이런 말을 들어봤나요?

'죽을 상(喪)' 자와 '장사 장(葬)' 자가 들어 있는 낱말은 모두 죽은 사람을 기리는 일과 관련돼요.

죽은 사람을 땅에 묻거나 화장하는 일은 장사,

장사를 지내는 일은 장례,

상사를 지낼 때의 예식은 장례식이지요.

상을 치르는 주가 되는 사람은 상주라고 해요. 보통 돌아가신 분의 장남이 상주가 되지요. 죽음을 슬퍼하고 상주를 위로하는 것은 문상이라고 해요.

이때 상을 치르는 사람이 입는 옷은 상복이에요. 상복은 보통 삼나무의 실로 짠 천인 삼베로 만들고 바느질을 곱게 하지 않는 것이 특징이지요.

해마다 죽은 사람의 넋을 기리기 위해 지내는 제사도 중요한 예식 중의 하나예요. 사람이 죽은 날인 기일에 지내는 것은 제사, 설이나 추석 같은 명절 때 낮에 지내는 제사는 차례라고 하지요.

결혼식(結맺을 결 婚式)
부부 관계를 서약하는 의식

장사(葬장사 지낼 장 事일 사)
죽은 사람을 땅에 묻거나 화장하는 일

장례(葬禮)
장사를 지내는 일

장례식(葬禮式)
장사를 지내는 예식

상주(喪초상 상 主주인 주)
상을 치르는 주가 되는 사람

문상(問물을 문 喪)
죽음을 슬퍼하고 상주를 위로함

상복(喪 服옷 복)
상을 치르는 사람이 입는 옷

제사(祭제사 제 祀제사 사)
죽은 사람의 넋을 기리는 예식

차례(茶차 차 禮)
설이나 추석 등의 명절 때 낮에 지내는 제사

씨낱말 블록 맞추기

직 업

_____월 _____일 / 정답 143쪽

① 공통으로 들어갈 낱말을 쓰세요.

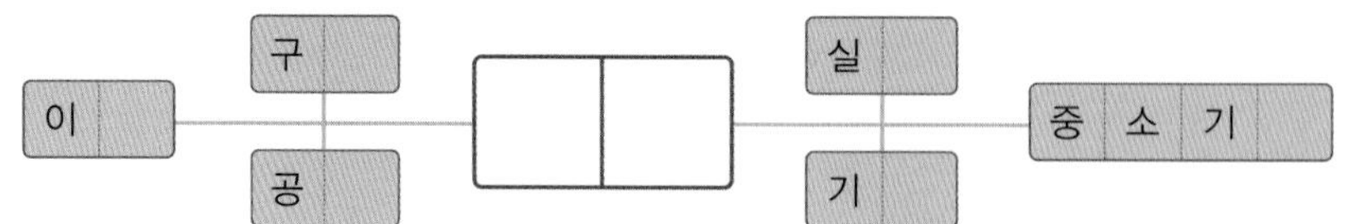

② 주어진 낱말을 넣어 문장을 완성하세요.

1) 직 업 / 장 — 일을 하기 위해 갖는 것은 □□, 일을 하는 곳은 □□이다.

2) 사 / 구 직 — 다니던 회사를 □□하고, 다른 회사에 취직하기 위해 □□을 시작했다.

3) 공 / 관 직 — 국가 기관 또는 공공 단체에서의 직무는 □□, 국가와 관련된 직무는 □□이다.

4) 퇴 / 이 직 — 현식에서 물러나는 것은 □□, 직장을 옮기는 것은 □□이다.

③ 문장에 어울리는 낱말을 골라 ○표 하세요.

1) 우리 아빠는 규모가 큰 (중소기업 / 대기업)에 다니셔.

2) 요즘 직장을 찾는 (구직 / 공직)자가 많대.

3) 젊은 사람들 중에는 대기업보다는 새로운 영역에 도전하는 (다국적 기업 / 벤처 기업)을 더 좋아하는 사람이 많아.

직업
직장
직원
구직
이직
사직
실직
실업
퇴직
실직자
실업자
퇴직자
직종
직무
공직
관직
교직
기업
대기업
중소기업
다국적 기업
벤처 기업

씨낱말 블록 맞추기

관 혼 상 제

_____월 _____일 / 정답 143쪽

1 [보기]의 낱말과 관련이 있으며, 일생에 중요한 네 가지 예식을 뜻하는 낱말을 쓰세요.

☐☐☐☐

2 주어진 낱말을 넣어 문장을 완성하세요.

1) 혼 / 관 례

아이가 어른이 될 때 치르던 예식은 ☐☐,
혼인을 하는 예식은 ☐☐이다.

2) 제 / 상 례

사람이 죽은 뒤의 예식은 ☐☐,
제사를 지내는 예절은 ☐☐이다.

3) 결 / 혼 인 / 식

부모님은 10년 전, ☐☐☐에서 부부관계를 맺는
☐☐ 서약을 했어.

3 문장에 어울리는 낱말을 골라 ○표 하세요.

1) 옛날에는 부부가 될 때 진동 (상례 / 혼례)를 올렸어요.

2) 추석에는 햇곡식으로 (장례 / 차례)를 지내고 성묘를 해요.

3) 우리 집은 매년 할아버지가 돌아가신 날 저녁에 (제사 / 장사)를 지내요.

4 예문에 알맞은 낱말을 빈칸에 쓰세요. [사회]

☐☐은(는) 청소년이 머리에 갓을 쓰고 성년이 되는 의식으로 주로 양반 계층에서 행해졌다. 오늘날에는 ☐☐의 날이라 하여 장미꽃을 선물하며 어른이 된 것을 축하한다.

관혼상제
관례
혼례
상례
제례
성년
성년식
성년의 날
혼인
결혼식
장사
장례
장례식
상주
문상
상복
제시
차례

자릿값? 자리에도 값이 있다고?

우리가 자주 쓰는 말 중의 하나가 '값'이에요. 물건의 가격을 나타낼 때 많이 쓰지만, 수학을 배울 때도 빼놓을 수 없는 낱말이죠. 수학에서 어떤 숫자가 놓이는 위치를 자리라고 하고, 각 자리의 값을 말 그대로 자릿값이라고 해요. 같은 수라도 일의 자리, 십의 자리, 백의 자리, 천의 자리 등 어느 자리에 놓이는지에 따라 수의 값이 달라지지요.

수를 나타내는 낱말

12467이라는 수를 끝의 자리부터 살펴볼까요?
숫자 7은 일의 자리의 수이므로 자릿값은 7,
숫자 6은 십의 자리의 수이므로 자릿값은 60,
숫자 4는 백의 자리의 수이므로 자릿값은 400,
숫자 2는 천의 자리의 수이므로 자릿값은 2000,
숫자 1은 만의 자리의 수이므로 자릿값은 10000.
그러므로 12467이라는 수를 읽어 보면 '일만 이천 사백 육십칠'이 되겠네요. 1이 2나 4보다 작은 숫자지만, 자릿값에 따라 수의 크기가 이렇게 달라진답니다.

자릿값

숫자의 자리가 나타내는 값

- **자리**
  수학에서 어떤 숫자가 놓이는 위치
- **일**(一 한 일)
  하나, 첫 번째
- **십**(十 열 십)
  열, 열 번째
- **백**(百 일백 백)
  십의 열 배가 되는 수
- **천**(千 일천 천)
  백의 열 배가 되는 수
- **만**(萬 일만 만)
  천의 열 배가 되는 수
- **자릿수**
  어떤 수가 가지는 자리의 개수

이와 같이 수에서 자리의 개수를 자릿수라고 해요. 예를 들어 9는 숫자가 하나라서 한 자릿수, 99는 숫자가 둘이라서 두 자릿수가 돼요. 그럼 999는 몇 자릿수? 숫자가 셋이니까 세 자릿수지요.

자릿수가 늘어나면 수의 양이 그만큼 많아진답니다.

한 자릿수
하나의 숫자로 나타낸 수

두 자릿수
두 개의 숫자로 나타낸 수

세 자릿수
세 개의 숫자로 나타낸 수

측정(測 잴 측 定 정할 정)값
길이나 무게, 부피 등을 기계 등으로 재어서 얻은 값

참값
어떤 것의 실제의 값

근삿(近 가까울 근 似 같을 사)값
참값에 가까운 값

어림
대강 짐작으로 헤아림

어림수(數 셈 수)
어림잡아 나타내는 수

올림
수학 구하려는 자리 아래의 수를 올려서 나타내는 방법

버림
수학 구하려는 자리 아래의 수를 버려서 나타내는 방법

반(半 반 반)올림
수학 구하려는 자리 바로 아래 자리의 숫자가 0~4면 버리고, 5~9면 올리는 방법

수학에서 값과 관련된 낱말

길이나 넓이, 무게 등을 재서 수로 나타내는 것은 측정이에요. 이렇게 해서 얻은 값은 측정값이고요.

그런데 측정하는 기계나 도구, 재는 방법에 따라 잰 값에 조금씩 차이가 날 수도 있어요. 측정에 의하여 얻은 정확한 값은 참값이라 하고, 딱 정확하진 않지만 참값에 가까운 값은 근삿값이라고 해요.

"놀이공원에 사람들이 어림잡아 오천 명은 되어 보였어요."

이 문장에서 어림은 대강 짐작으로 헤아릴 때 쓰는 말이에요. 그래서 근삿값을 어림수라고도 하죠. 이때 구하려는 자리 아래의 수를 올려서 나타내는 방법을 올림이라고 하고, 구하려는 자리 아래의 수를 버려서 나타내는 방법을 버림이라고 해요.

그럼 반올림은요? 반은 올리고 반은 내리는 거지요. 구하려는 자리 바로 아래 자리의 숫자가 0~4면 버리고, 5~9면 올리는 방법이지요.

시각과 시각 사이는 시간

지금은 몇 시인가요? 우리는 하루에 여러 번 시간을 확인해요. 일어날 시각에 알람을 맞추고, 주어진 시간 내에 시험 문제를 다 풀어야 하죠. 시간은 어떤 시각과 시각의 사이예요. 시각은 어느 한때를 정확히 가리키는 말이고요.
"지금 시각은 12시야."와 "오는 데 12시간이 걸렸어."
이 두 문장을 비교하니, 시각과 시간의 차이가 확 느껴지지요?

시간의 단위를 나타내는 낱말

시간을 재는 단위를 알아볼까요? 1시, 2시, 3시…. 이렇게 어떤 시각을 나타내는 말이 시(時)예요. 분(分)은 한 시간을 60으로 나눈 것이지요. 초(秒)는 1분을 다시 60으로 나눈 거고요.

1시간은 60분, 1분은 60초이기 때문이에요.
시계를 직접 보면 훨씬 쉬워요. 시계의 짧은바늘과 긴바늘로 몇 시인지, 몇 분인지 알 수 있잖아요. 시계의 짧은바늘은 시를 나

時	間
때 시	사이 간

시각과 시각의 사이

- **시각**(時 刻 정할 각)
어느 한때를 정확히 정한 것
- **시**(時)
시각을 나타내는 말
- **분**(分 분 분)
한 시간의 60분의 1이 되는 동안
- **초**(秒 초 초)
1분의 60분의 1이 되는 동안
- **시계**(時 計 잴 계)
시간을 재거나 시각을 나타내는 기계

타내서 시침, 긴바늘은 분을 나타내서 분침이지요. 또 초를 나타내는 초침이 있는 시계도 있어요.
그럼 하루는 몇 시간일까요? 시계의 짧은바늘은 하루에 두 바퀴 돌아요. 시계의 짧은바늘이 한 바퀴를 돌면 12시간이고, 두 바퀴를 돌면 24시간이에요. 그러니까 하루는 24시간이에요.
하루의 시간을 나타내는 말들도 다양해요.
하루를 세는 단위는 일(日)이에요. 하루는 낮 열두 시인 정오를 기준으로 오전과 오후로 나뉘지요. 밤 열두 시부터 낮 열두 시까지를 정오의 이전이라는 뜻으로 오전, 낮 열두 시부터 밤 열두 시까지를 정오의 이후라는 뜻으로 오후라고 하지요.
개월은 달을 세는 단위, 해는 년을 세는 단위예요. 한 해는 12개월이고 1개월은 보통 30일이나 31일이에요.

긴 시간을 나타내는 낱말

훨씬 더 긴 시간을 나타내는 낱말도 있어요.
'세대 차이'의 세대는 어린아이가 성장하여 부모를 이을 때까지의 약 30년 정도를 말해요. 세대 차이는 세대에 따라 다른 생각이나 경험의 차이를 뜻하는 말이지요.
세기는 백 년을 단위로 하는 기간이에요. 지금은 21세기니까, 2101년부터는 22세기가 되겠네요.
이렇게 시간은 매우 긴 것 같지만 1분 1초가 모여서 하루, 한 달, 한 해, 한 세대, 한 세기를 이루며 지금도 가고 있답니다.

- **시침**(時 針바늘 침)
  시계에서 시각을 알려 주는 작은 바늘
- **분침**(分 針)
  시계에서 분을 알려 주는 큰 바늘
- **초침**(秒 針)
  시계에서 초를 알려 주는 바늘
- **일**(日 날 일)
  하루를 세는 단위
- **정오**(正 바를 정 午 낮 오)
  낮 열두 시
- **오전**(午 前 앞 전)
  밤 열두 시부터 낮 열두 시까지의 시간
- **오후**(午 後 뒤 후)
  정오부터 밤 열두 시까지의 시간
- **개월**(個 낱 개 月 달 월)
  달을 세는 단위
- **해**
  년을 세는 단위
- **세대**(世 세대 세 代 시대 대)
  아이가 커서 부모를 대신할 때까지 약 30년 정도 되는 기간
- **세대 차이**
  세대에 따라 다른 생각이나 경험의 차이
- **세기**(世 紀 해 기)
  백 년을 단위로 하는 기간

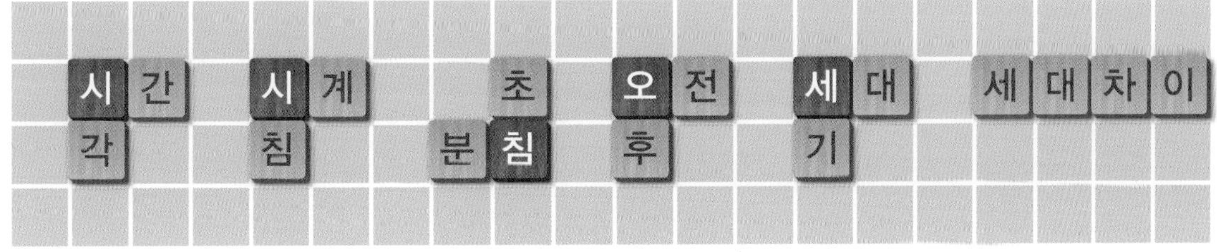

자릿값

1 [보기]의 낱말과 관련이 있으며, 어떤 숫자의 자리가 나타내는 값을 뜻하는 낱말을 쓰세요.

보기: 자리, 자릿수, 일, 십, 백, 천

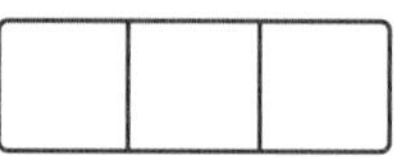

2 주어진 낱말을 넣어 문장을 완성하세요.

1) 자릿값 / 자릿수
숫자의 자리가 나타내는 값은 ☐☐☐,
어떤 수가 가지는 자리의 개수는 ☐☐☐이다.

2) 근삿값 / 참값
어떤 것의 실제의 값은 ☐☐,
참값에 가까운 값은 ☐☐☐이다.

3) 어림 / 어림수
대강 짐작으로 헤아리는 것은 ☐☐,
어림잡아 나타내는 수는 ☐☐☐이다.

4) 버림 / 올림
5.6을 ☐☐하면 5이고, ☐☐하면 6이다.

3 문장에 어울리는 낱말을 골라 ○표 하세요.

1) 127에서 (일 / 십)의 자릿수는 7이야.
2) 자로 길이를 재어 (측정값 / 자릿수)을(를) 얻었어.
3) 9.5를 (반올림 / 버림)하면 10이야.
4) 놀이공원에 사람들이 (올림 / 어림)잡아 오천 명은 되어 보였어.

자릿값
자리
일
십
백
천
만
자릿수
한 자릿수
두 자릿수
세 자릿수
측정값
참값
근삿값
어림
어림수
올림
버림
반올림

씨낱말 블록 맞추기

시 간

1 [보기]의 낱말과 관련이 있으며, 시각과 시각의 사이를 뜻하는 낱말을 쓰세요.

보기: 시 / 분 / 초 / 오전 / 오후

□□

2 주어진 낱말을 넣어 문장을 완성하세요.

1) 오 전 / 후

□□ 내내 비가 쏟아지더니,
점심을 먹은 후 □□이(가) 되자 비가 뚝 그쳤다.

2) 세 대 / 기

아이가 커서 부모를 이을 때까지의 약 30년 정도는 □□, 백 년을 단위로 하는 기간은 □□이다.

3 문장에 어울리는 낱말을 골라 ○표 하세요.

1) 1분을 60으로 나누어 세는 단위는 (시 / 초)라고 해.

2) 1(개월 / 시간)은 보통 30일이나 31일이야.

3) 1(일 / 년)은 365일이야.

4) 아빠와 나는 (세대 / 세기) 차이가 나.

4 예문에 알맞은 낱말을 빈칸에 쓰세요. [수학]

시계에서 긴바늘과 짧은바늘이 가리키는 어느 한때를 시, 분, 초의 단위로 나타낸 것은 □□(이)다.
□□은(는) 어떤 시각부터 어떤 시각까지의 길이인데, 1시간은 60분, 1분은 60초, 1일은 24시간이다.

시간 / 시각 / 시 / 분 / 초 / 시계 / 시침 / 분침 / 초침 / 일 / 정오 / 오전 / 오후 / 개월 / 해 / 세대 / 세대 차이 / 세기

아기의 눈을 밤하늘의 별에 빗대어 말했어요. 이렇게 어떤 것에 빗대어 비유를 들어 설명하면 표현이 훨씬 생생해져요. 그럼 다양한 비유법을 알아볼까요?

생생하고 효과적인 비유적 표현

직접적으로 비유하는 것은 직유법이에요. '밤하늘의 별처럼', '돌담에 속삭이는 햇발같이'처럼 비슷한 성질이나 모양을 가진 두 사물을 직접 빗대었네요.

'내 마음은 호수요'처럼 하려는 말을 숨겨서 은밀하게 나타내는 비유는 은유법이에요. 마음의 잔잔함을 호수에 빗댔네요.

풍자하는 비유인 풍유법도 있어요. 풍자는 다른 것에 빗대어 비웃거나 비판한다는 뜻인데, '우물 안 개구리' 같은 속담이 대표적인 풍유법이에요.

흔히 하얀 옷을 입은 간호사를 '백의의 천사'라고 하지요? 이 표현은 어떤 것을 대표하는 것으로 비유하는 대유법이에요. 부분이 전체를 대표한다고 생각하면 쉬워요. 하얀 옷으로 간호사를 대표한 것이지요.

比	喩	法
견줄 비	깨우칠 유	법 법

비유하는 방법

- **비유**(比喩)
  어떤 것을 다른 것에 빗대어 설명하는 것
- **직유법**(直곧을 직 喩法)
  직접 비유하는 비유법
- **은유법**(隱숨을 은 喩法)
  하려는 말을 숨겨서 은밀하게 나타내는 비유법
- **풍유법**
  (諷풍자할 풍 諭타이를 유 法)
  풍자하는 비유법
- **풍자**(諷刺찌를 자)
  다른 것에 빗대어 비판함
- **대유법**(代대신할 대 喩法)
  어떤 것을 대표해서 표현하는 비유법

'강물이 말없이 흐르네.'는 사람이 아닌 것을 사람에 빗대는 의인법이에요. 살아 있지 않은 것을 살아 있는 것처럼 표현하는 활유법도 있어요. '그날 하늘도 땅도 울었다'와 같은 표현이지요.

문장에 변화를 주거나 강조하는 표현

말을 더 효과적으로 표현하기 위해 변화를 주거나 강조해서 표현하기도 해요.

"보고 싶어요, 엄마."처럼 말의 순서를 바꾸어 변화를 주는 도치법, "엄마 말도 안 듣고 잘한다."처럼 하고 싶은 말과 반대로 표현하는 반어법, "엄마 말을 안 들으면 되겠니?"처럼 의문형으로 표현하여 상대가 스스로 판단하게 하는 설의법이 있어요.

"엄마 허리는 하마 같아."처럼 어떤 일을 크게 부풀리거나 삭게 과장하는 과장법, "인생은 짧고, 예술는 길다."처럼 서로 반대되는 것을 내세워 차이점을 두드러지게 강조하는 대조법도 있지요.

"오, 엄마!"처럼 기쁨, 놀라움과 같은 감정을 감탄하여 표현하는 영탄법, "엄마, 엄마, 우리 엄마."처럼 같거나 비슷한 말을 반복하여 표현하는 반복법도 있어요.

- **의인법**(擬비교할 의 人사람 인 法) 사람이 아닌 것을 사람에 빗대어 표현하는 비유법
- **활유법**(活살 활 喩法) 살아 있지 않은 것을 살아 있는 것처럼 표현하는 비유법
- **도치법**(倒거꾸로 도 置둘 치 法) 말의 순서를 바꾸어 변화를 주는 표현 방법
- **반어법**(反반대 반 語말씀 어 法) 하고 싶은 말과 반대로 표현하는 방법
- **설의법**(設베풀 설 疑의심할 의 法) 의문형으로 표현하는 방법
- **과장법**(誇자랑할 과 張베풀 장 法) 어떤 일을 크게 부풀리거나 작게 과장해서 표현하는 방법
- **대조법**(對대할 대 照비칠 조 法) 서로 반대되는 차이점을 두드러지게 강조하는 방법
- **영탄법**(詠읊을 영 歎감탄할 탄 法) 기쁨·슬픔·놀라움 같은 감정을 감탄하여 표현하는 방법
- **반복법**(反되풀이할 반 復돌아올 복 法) 반복하여 표현하는 방법

음악으로 감정을 표현할 수 있어

우리의 목소리는 소리를 내요. 피아노나 바이올린 같은 악기도 소리를 내죠. 소리는 높게, 낮게, 빠르게, 또는 느리게 낼 수도 있어요. 또 밝은 느낌, 슬픈 느낌을 표현할 수도 있죠.

이렇게 소리로 다양한 표현과 감정을 나타내는 예술을 음악이라고 해요.

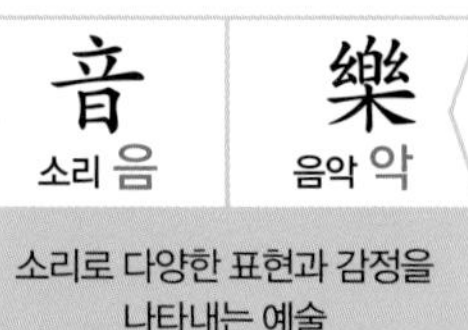

소리로 다양한 표현과 감정을 나타내는 예술

음악을 이루는 세 가지 요소

음악을 이루는 세 가지 요소는 뭘까요?

바로 리듬, 가락, 화성이에요.

리듬은 소리의 길이나 세기가 정해진 규칙에 따라 되풀이되는 것을 말해요.

가락은 소리의 높낮이나 길이가 리듬과 어울려 나타나는 음의 흐름을 말하고요. 멜로디라고도 하죠. 음악을 들을 때 생기는 흥겹거나 슬프거나 하는 느낌은 가락이 어떠냐에 따라 달라져요.

화성은 높이가 다른 둘 이상의 음이 조화롭게 어우러질 때 나는 소리로 흔히 하모니라고 해요. 화성은 일정한 순서와 규칙에 따라 소리가 서로 어우러져서 음악을 한층 더 아름답게 해요.

- **리듬**(rhythm)
  소리의 길이나 세기가 정해진 규칙에 따라 되풀이되는 것
- **가락**
  소리의 높낮이나 길이가 리듬과 어울려 나타나는 음의 흐름
  = 멜로디(melody)
- **화성**(和화할 화 聲소리 성)
  높이가 다른 둘 이상의 음이 조화롭게 어우러질 때 나는 소리
  = 하모니(harmony)

박자는 장단을 이루는 가장 작은 단위로, 센소리와 여린 소리가 정해진 규칙에 따라 되풀이되는 것을 말해요. '박'은 '박수 치다'에서 쓰인 박(拍)과 같아요. 치다는 뜻이지요.

박자(拍칠 박 子것 자)
장단을 이루는 가장 작은 단위
음악 센소리와 여린 소리가 규칙에 따라 되풀이되는 것

동기(動움직일 동 機계기 기)
행동을 일으키게 하는 계기
음악 음악을 구성하는 가장 작은 단위 = 모티프(motif)

마디
곡 하나를 이루는 데 필요한 가장 짧고 작은 도막
= 소절(小작을 소 節)

악절(樂 節마디 절)
음악의 마디가 모인 것

작은악절(樂節)
보통 넷 또는 여섯 마디로 이루어진 악절

큰악절(樂節)
두 개의 작은악절이 합쳐진 악절

음악을 이루는 구조와 단위

음악의 기초는 바로 음악의 뼈대를 이루는 음악의 단위들이에요.
음악을 구성하는 가장 작은 단위는 동기예요. 모티프(motif)라고도 해요. 동기는 둘 이상의 음이 모여서 된 것인데, 가락의 기본이 되죠.
곡 하나를 이루는 데 필요한 가장 짧고 작은 도막은 마디예요.
작은 마디를 뜻하는 소절(小節)이라고도 불러요.
대개 여러 마디가 모여 한 악절을 이루는데, 악절은 서양 음악에서 곡의 주제를 나타내는 가장 작은 단위지요.
작은악절은 보통 넷 또는 여섯 마디로 이루어진 악절이고, 큰악절은 두 개의 작은악절이 합쳐진 악절이에요. 보통 여덟 마디 또는 열두 마디로 이루어져 있지요. 짧은 동요처럼 간단한 노래 중에는 큰악절 하나만으로 된 것도 있어요.
어때요? 음악과 관련된 낱말을 알면 음악이 한층 더 즐겁겠죠?

씨낱말 블록 맞추기

비 유 법

_____월 _____일 / 정답 143쪽

1 [보기]의 낱말과 관련이 있으며, 비유하는 방법을 뜻하는 낱말을 쓰세요.

보기
직 유 법 은 유 법
풍 자 법 의 인 법

□□□

2 주어진 낱말을 넣어 문장을 완성하세요.

1) 과 장 / 반 어 법

하고 싶은 말과 반대로 표현해서 의미를 강조하는 방법은 □□□, 어떤 일을 크게 부풀리거나 작게 과장해서 표현하는 방법은 □□□이다.

2) 대 조 / 반 복 법

서로 반대되는 것을 내세워 차이점을 두드러지게 강조하는 방법은 □□□, 같거나 비슷한 말을 반복하여 표현하는 방법은 □□□이다.

3 문장에 어울리는 낱말을 골라 ○표 하세요.

1) 친구는 자신의 허리가 개미만 하다고 (의인법 / 과장법)을 써서 말했어.

2) 우리 민족을 '백의민족'이라고 하는 건 (대유법 / 영탄법)이야.

4 예문에 알맞은 낱말을 빈칸에 쓰세요. [국어]

□□□은(는) 사람이 아닌 동물이나 식물, 사물을 사람처럼 말하고 행동하도록 나타내어 표현하는 방법이다. □□□은(는) 어떤 사물을 보다 효과적으로 나타내기 위하여 비슷한 성질이나 모양을 가진 다른 사물에 직접 빗대어 표현하는 방법이다.

비유법
비유
직유법
은유법
풍유법
풍자
대유법
의인법
활유법
도치법
반어법
설의법
과장법
대조법
영탄법
반복법

음 악

1 [보기]의 낱말과 관련이 있으며, 소리로 다양한 표현과 감성을 나타내는 예술을 뜻하는 낱말을 쓰세요.

보기: 리듬 / 가락 / 화성 / 박자

[ ][ ]

2 주어진 낱말을 넣어 문장을 완성하세요.

1) 리듬 / 화성
소리의 길이나 세기가 정해진 규칙에 따라 되풀이되는 것은 [ ][ ], 높이가 다른 둘 이상의 음이 조화롭게 어우러질 때 나는 소리는 [ ][ ]이다.

2) 박자 / 동기
장단을 이루는 가장 작은 단위는 [ ][ ], 음악을 구성하는 가장 작은 단위는 [ ][ ]이다.

3) 작은악절 / 악절
음악의 마디가 모인 것은 [ ][ ], 넷 또는 여섯 마디로 이루어진 악절은 [ ][ ][ ][ ]이다.

3 문장에 어울리는 낱말을 골라 ○표 하세요.

1) 합창할 때는 다른 사람들과 (동기 / 박자)를 잘 맞추어야 해.
2) 음악을 들을 때 흥겹거나 슬픈 느낌은 (가락 / 소절)에 따라 달라져.
3) 유민이는 높은 음, 종석이는 낮은 음을 불러서 (화성 / 리듬)이 잘 어우러져.
4) 큰악절은 두 개의 (마디 / 작은악절)이(가) 합쳐진 악절이야.

음악
리듬
가락
화성
박자
동기
마디
악절
작은악절
큰악절

어휘 퍼즐

		3)						8)	
1)		4)		5)			7)		9)
2)									
				6)					
		11)						15)	
10)						13)			
		12)				14)			

정답 | 143쪽

가로 열쇠

2) 어떤 것을 다른 것에 빗대어 설명하는 법.
직유법, 은유법 등이 있다.

4) 액체가 얼어서 고체가 되는 온도. 0°C

6) 어느 한때를 정확히 정한 것. "지금 ○○은 20시 정각입니다."

7) 참견하고 야단하는 말. "엄마, ○○○ 좀 짧게 해 주세요."

10) 작은 도시, 대도시의 반대되는 말

11) 일을 그만두는 것

12) 철없는 어린아이, 어리석은 사람

13) 숫자의 자리를 나타내는 값

14) 설이나 추석 등의 명절 때 지내는 제사.
"추석 아침에 ○○를 지냈어."

세로 열쇠

1) 가늘고 짧은 물건을 세는 말. 성냥○○

3) 하고 싶은 말과 반대로 표현하는 방법.
"엄마 말도 안 듣고 잘한다."

5) 점심 먹는 동안

7) 작은 일들을 일일이 걱정하는 것

8) 파, 오이, 당근처럼 먹을 수 있는 나물들

9) 소리의 길이나 세기가 정해진 규칙에 따라 되풀이되는 것

11) 봄, 여름, 가을, 겨울 사계절 동안

13) 엔진 힘을 이용해 스스로 움직이는 차

15) 어떤 것의 실제의 값

종합 문제

_____월 _____일 / 정답 143쪽

1 뜻이 비슷한 단어끼리 짝 지어지지 않은 것은? (　　) 국어능력인증시험형

① 생명 : 생물　② 금일 : 내일　③ 세자 : 왕세자

④ 일 년 : 열두 달　⑤ 지난해 : 묵은해

2 밑줄 친 부분을 가장 적절한 한자어로 대체한 것은? (　　) 국어능력인증시험형

① 길고 짧은 건 재 봐야 알지. → 延長(연장)

② 필요한 물건을 갖춰서 기다리고 있어. → 裝置(장치)

③ 배우거나 본받을 만한 가르침엔 귀 기울이자. → 教訓(교훈)

④ 때와 때 사이에 적절한 운동을 하는 게 중요하다. → 時刻(시각)

⑤ 남에게 좋은 일이 생기도록 빌면 결국 나에게 복이 와. → 慣習(관습)

3 밑줄 친 단어의 뜻이 바르지 않은 것은? (　　) 국어능력인증시험형

① 닭 잡아먹고 오리발 내민다.

→ 어떤 일을 하고도 하지 않은 척 시치미 떼다.

② 병사들의 사기가 하늘을 찌른다.

→ 옛날에 장교가 아닌 군인을 이르는 말

③ 누구에게나 단점은 있게 마련이다.

→ 나쁜 점

④ 부모가 자식을 겉 낳았지 속 낳았나.

→ 물체의 바깥 부분

⑤ 비축해 둔 쌀과 물이 다 떨어져 가고 있다.

→ 만약의 경우를 대비해서 미리 돈이나 식량 등을 저축해 놓다.

4 **괄호 안의 한자가 바르지 않은 것은? (　　)**

KBS 한국어능력시험형

① 독자(子)　② 송년(年)회　③ 야생(生)화

④ 일(一)기장　⑤ 염라대왕(王)

KBS 한국어능력시험형

5 **밑줄 친 단어에 대한 설명으로 적절하지 않은 것은? (　　)**

① 확장의 반의어는 수축이라고 할 수 있겠죠.

② 장비란 어떤 일을 할 때 갖추는 물건을 말해요.

③ 넘어는 담을 넘는 것처럼 높은 곳을 지나간다는 뜻이에요.

④ 오래 살지 못하고 일찍 돌아가셨을 때, 단명하셨다고 하죠.

⑤ 옳은 몸가짐이나 바른길을 가르치는 것을 훈육이라고 하지요.

6 **〈보기〉의 (가), (나)에 들어갈 단어로 옳은 것은? (　　)**

수학능력시험형

〈보기〉

(가)(　　　)은(는) 같지만 뜻이 다른 말을 동음이의어라고 한다.
예를 들어, "이 말은 말을 잘 듣지요."에서 맨 앞의 말은 한자로 馬를 뜻하며, 두 번째 말은 (나)(　　　)을(를) 뜻한다.

① (가) – 생각　(나) – 生　② (가) – 생각　(나) – 言

③ (가) – 표정　(나) – 面　④ (가) – 소리　(나) – 生

⑤ (가) – 소리　(나) – 言

수학능력시험형

7 **문맥에 맞는 어휘를 잘못 선택한 것은? (　　)**

① 생긴 모습이 꼭 제 아비 (붕어빵 / 찐빵)이다.

② 김치가 잘 (숙성 / 성숙)되어서 올겨울 나는 건 문제 없다.

③ 오랫동안 되풀이해서, 몸이 (습관적으로 / 관습적으로) 움직인다.

④ 9시 (너머 / 넘어) 집에 들어가면, 아버지에게 크게 혼나곤 했다.

⑤ 사람들 입에 오르내리며 비판받을 때, '(도마 / 책상) 위에 오르다'라고 한다.

8 **〈보기〉의 밑줄 친 (가) ~ (다)에 들어갈 단어로 옳은 것은? (　　)**

수학능력시험형

〈보기〉

오랫동안 쓰이면서 어떤 뜻으로 굳어진 짧은 말을 (가)(　　　)라고 하죠. 무엇을 간절히 원할 때는 '마음은 (나)(　　　) 같다'고 하거나, 어떤 일이 헛것이 되었을 때 '(다)(　　　)이 되었다'고 말하는 게 그 예랍니다.

① (가) – 관용어　(나) – 물거품　(다) – 굴뚝

② (가) – 관용어　(나) – 굴뚝　(다) – 물거품

③ (가) – 관용어　(나) – 하늘　(다) – 굴뚝

④ (가) – 확장어　(나) – 굴뚝　(다) – 하늘

⑤ (가) – 확장어　(나) – 굴뚝　(다) – 물거품

9 **한자와 그 뜻이 바르지 않게 짝 지어진 것은? (　　)**

한자능력시험형

① 年 – 해　② 子 – 아들　③ 生 – 나다

④ 王 – 임금　⑤ 訓 – 가다

10 **다음 보기 문장 중 한자로 고친 것이 틀린 것은? (　　)**

한자능력시험형

〈보기〉

윗사람이 아랫사람에게 모르는 것을 알려 주거나 가르쳐 알게 하는 것을 (가)훈시라고 하죠. 바둑이나 장기를 둘 때 구경하던 사람이 끼어들어 옆에서 수를 가르쳐 주는 것은 (나)훈수고요. 가르침 받은 것을 되풀이하여 연습하는 것은 (다)훈련이에요. 구성원들의 훈육이나 훈계를 위해서 한 가지 가르침을 정해 놓고 되도록 지키자고 하는 것도 있어요. 집에서 정한 것은 (라)가훈, 학교에서 정한 것은 (마)교훈이에요.

① (가) 訓示　② (나) 訓手　③ (다) 訓練

④ (라) 家訓　⑤ (마) 教訓

11 **밑줄 친 부분을 적절한 단어로 대체하지 않은 것은? (　　)** 국어능력인증시험형

① 길고 짧은 건 재 봐야 알지. → 길이

② 과일은 한창 나오는 때에 먹는 게 제맛이지. → 제철

③ 배추나 풀처럼 뿌리째 셀 때는 이 말을 쓴다고. → 송이

④ 너무 세밀하게 부수듯 썰어 놓은 바람에 사과가 크기가 작다. → 잘다

⑤ 영수는 또래 친구에 비해서 키가 보통에 미치지 못해 걱정이야. → 작아

12 **밑줄 친 단어의 뜻이 바르지 않은 것은? (　　)** 국어능력인증시험형

① 청소년기에는 직업 선택을 위한 준비가 필수다.

→ 살림살이에 필요한 돈을 벌기 위한 일

② 성년이 되면 자유만큼의 책임을 진다는 걸 명심해.

→ 아이가 다 자라 어른이 된 상태

③ 거울, 구두 따위가 물체라면 유리, 가죽은 물질이야.

→ 물체의 밑바탕을 이루고 있는 것

④ 영화가 재미있어서 두 시간 동안 지루할 틈이 없었어.

→ 어느 한때를 정확히 정한 것

⑤ 21세기에 들어서도 전쟁의 불길은 잦아들지 않고 있다.

→ 백 년을 단위로 하는 기간

13 **밑줄 친 단어에 대한 설명으로 적절하지 않은 것은? (　　)** KBS 한국어능력시험형

① 정오에 만나자고 할 때는 낮 열두 시에 보자는 뜻이야.

② 크기를 말할 때는 적다를, 양을 말할 때는 작다를 써.

③ 너비란 한쪽 끝에서 다른 쪽 끝까지의 거리를 재는 말이지.

④ 작은 일에 대해 일일이 걱정하는 것을 잔걱정이 많다고 하지.

⑤ 그해 가을에 농사지은 것을 가을에 거둬들일 때, 추수한다고 해.

14 **〈보기〉의 밑줄 친 '잔'과 다르게 쓰인 것은? (   )** 수학능력시험형

〈보기〉
철수는 공사판에서 잔뼈가 굵었다고 으스대고 있었다.

① 몸에 잔털이 많다.
② 들판에 잔풀이 가득하다.
③ 잔주름이 자글자글하다.
④ 엄마는 입만 열면 잔소리다.
⑤ 생선 잔가시가 목에 걸렸어.

15 **문맥에 맞는 어휘를 잘못 선택한 것은? (   )** 수학능력시험형

① 지난 설에는 (차례 / 장례) 없이 그냥 지나갔다.
② 참새나 까치 같은 (철새 / 텃새)가 지천에 널렸다.
③ (직장 / 직업) 안에서는 서로 도우며 일할 때 신난다.
④ 사람이 너무 많아서 (측정값 / 근삿값)만 구할 수 있다.
⑤ 아빠와 나는 (세대 / 시대) 차이에도 불구하고 말이 잘 통한다.

16 **〈보기〉의 밑줄 친 (가) ~ (다)에 들어갈 단어로 옳은 것은? (   )** 수학능력시험형

〈보기〉
보통 음악을 이루는 세 가지 요소가 있다고 합니다. 첫째는 소리의 길이나 세기가 정해진 규칙에 따라 되풀이되는 (가)(   ), 둘째는 소리의 높낮이나 길이가 첫째 요소와 어울려 나타나는 음의 흐름인 (나)(   ), 마지막으로는 높이가 다른 둘 이상의 음이 조화롭게 어우러질 때 나는 소리인 (다)(   )을 말합니다.

① (가) – 리듬 (나) – 화성 (다) – 가락
② (가) – 화성 (나) – 가락 (다) – 리듬
③ (가) – 가락 (나) – 화성 (다) – 리듬
④ (가) – 화성 (나) – 리듬 (다) – 가락
⑤ (가) – 리듬 (나) – 가락 (다) – 화성

문해력 문제

톡톡 문해력 설명문 **다음 설명문을 읽고, 문제를 풀어 보세요.**

세균은 크기가 아주 작은 생명체다. 맨눈으로는 볼 수 없을 정도다. 하나의 세포로 이루어져 있으며 종류도 많고 모양도 다양하다. 세균은 어디에나 있는데 공기, 물, 흙뿐만 아니라 우리 몸속에도 있다.
세균의 역할도 다양하다. 죽은 동물과 식물을 분해하여 자연으로 돌려보내는 일을 하고, 김치나 치즈 같은 발효 음식을 잘 숙성시키기도 한다. 또 음식을 부패시키기도 하고 동물의 몸속에 들어가서 병을 일으키기도 한다.

1 이 글의 중심 낱말을 빈칸에 쓰세요.

□□

2 이 글의 중심 문장을 완성하세요.

세균은 크기가 아주 작은 □□□로, 죽은 동식물을 □□하고, 음식물을 □□시키거나 부패시키기도 한다.

3 밑줄 친 낱말과 바꿔 쓸 수 있는 것은? (　　)

① 분열되어　② 쪼개져　③ 구성되어　④ 합의되어

4 이 글의 내용과 다른 것은? (　　)

① 세균은 맨눈으로 볼 수 있다.

② 세균은 우리 몸속에도 산다.

③ 세균은 죽은 동식물을 분해한다.

④ 세균은 발효 음식을 잘 숙성시킨다.

톡톡 문해력 편지글 다음 편지글을 읽고, 문제를 풀어 보세요.

> 이모에게
> 이모 안녕하세요? 아울이에요.
> 생일 선물 잘 받았어요. 선물이 마음에 쏙 들어요. 멀리 영국에서 해마다 생일을 챙겨 주셔서 감사합니다. 그동안 선물을 받고도 인사도 제대로 하지 못했어요. 정말 철부지였죠. 선물 보내 주셔서 정말 감사합니다.
> 그럼 편지를 이만 마칠게요. 항상 건강하세요.
>
> 20○○년 ○월 ○○일
> 아울이 올림

1 누가 누구에게 쓴 편지인지 빈칸에 알맞은 낱말을 쓰세요.

□□□가 □□에게

2 글쓴이가 이 편지를 왜 썼는지 빈칸에 알맞은 낱말을 쓰세요.

□□ □□을 보내 주신 □□에게 □□ 인사를 전하기 위해서

3 밑줄 친 낱말과 바꿔 쓸 수 있는 것은? (　　)

① 시작할게요　② 끝낼게요　③ 맞출게요　④ 달릴게요

4 친구 생일을 축하하는 편지를 써 보세요.

정답

1장 씨글자

王 임금 **왕** | 10~11쪽

1. 王
2. 1) 왕궁 2) 왕명 3) 왕족 4) 왕관 5) 왕눈
3. 1) 왕국 2) 왕명 3) 왕고집 4) 퀴즈왕 5) 왕비
4. 1) 용궁 2) 왕비 3) 왕관
5. ③
6. ④

子 아들 **자** | 16~17쪽

1. 子
2. 1) 군자 2) 모자 3) 원자 4) 암자 5) 제자
3. 1) 독자 2) 남자 3) 상자 4) 양자 5) 과자
4. 1) 군자 2) 양자 3) 원자 4) 암자 5) 왕세자
5. ④
6. 1) 부자 2) 자녀 3) 암자 4) 제자

生 날 **생** | 22~23쪽

1. 生
2. 1) 생일 2) 신생아 3) 야생 4) 생물 5) 생머리
3. 1) 발생 2) 출생 3) 야생 동물 4) 생포 5) 생존자
4. 1) 생일 2) 발생 3) 야생마 4) 생고구마 5) 생명
5. ④
6. 생일

日 날 **일** | 28~29쪽

1. 日
2. 1) 백일 2) 내일 3) 기념일 4) 일몰 5) 종일
3. 1) 국경일 2) 일출 3) 평일 4) 생일 5) 일기
4. 1) 백일 2) 국경일 3) 일광욕 4) 일출 5) 일간지
5. ②
6. 1) 기념일 2) 백일

날 | 34~35쪽

1. 날
2. 1) 날 2) 날 3) 섣달 4) 올해 5) 작은달
3. 1) 날이 좋다 2) 큰달 3) 이듬해 또는 다음 해 4) 해묵은 5) 지난해
4. 1) 새해 2) 섣달 3) 잡았다 4) 저물다 5) 햅쌀
5. ①
6. ④

年 해 **년(연)** | 40~41쪽

1. 年
2. 1) 연도 2) 작년 3) 연시 4) 흉년 5) 연세
3. 1) 금년 2) 연말 3) 연년생 4) 내년 5) 송년회
4. 1) 내년 2) 풍년 3) 중년
5. ③
6. 1) 풍년 2) 노년

낱말밭

教訓 교훈 | 46쪽

1. 교훈
2. 1) 교사, 교구 2) 교권, 교양 3) 훈육, 훈계 4) 가훈, 교훈
3. 1) 가훈 2) 교구 3) 교양 4) 교무실 5) 훈련

具備 구비 | 47쪽

1. 구비
2. 1) 가구, 공구 2) 침구, 장신구 3) 비치, 비축 4) 장비, 방비
3. 1) 방비 2) 비축 3) 구비 4) 경비 5) 장신구

長短 장단 | 52쪽

1. 장단
2. 1) 장거리, 단거리 2) 장신, 단신 3) 장점, 단점
3. 1) 장수 2) 성장 3) 장편 소설
4. ①

부모, 자식 | 53쪽

1. 1) 동생 2) 축소
2. 1) 시작, 끝 2) 팽창, 수축 3) 확장, 축소
3. 1) 천재 2) 확장 3) 형 4) 지옥 5) 남극
4. ⑤

오리발 내밀다 | 58쪽

1. 1) 오리발 내밀다 2) 비행기 태우다
2. 1) 물거품이 되다 2) 가방끈이 짧다
3) 뜬구름 잡다 4) 붕어빵
3. 1) 마음이 굴뚝 같다 2) 동네북 3) 물거품이 되었어

병사, 사병 | 59쪽

1. 1) 사병 2) 병합
2. 1) 실과, 과실 2) 배분, 분배 3) 접대, 대접
3. 1) 습관 2) 숙성 3) 낙하
4. ③

자손, 자자손손 | 64쪽

1. 1) 자자손손 2) 정정당당
2. 1) 시비, 시시비비 2) 금방, 금방금방
3. ②

축하, 축 | 65쪽

1. 축
2. 1) 맥박, 맥 2) 군, 군대 3) 독약, 독
3. 1) 축하, 축 2) 균, 세균 3) 비율 4) 박자
4. ⑤

배, 배, 배 | 70쪽

1. 배
2. 1) 말馬, 말言, 말斗 2) 눈目, 눈雪 3) 밤栗, 밤夜
3. 1) 배 2) 김 3) 눈

너머, 넘어 | 71쪽

1. 너머, 넘어
2. 1) 놀음, 노름 2) 곧, 곶, 곳 3) 반듯이, 반드시
3. 1) 빛 2) 거름 3) 반드시 4) 떼 5) 걸음

어휘 퍼즐 | 72쪽

2장 씨글자

時 때 시 | 78~79쪽

1. 時
2. 1) 하교 시 2) 점심 시간 3) 시간표 4) 시각표 5) 오전
3. 1) 시간 2) 수업 시간 3) 하차 시 4) 정오 5) 오후
4. 1) ○ 2) ○ 3) × 4) × 5) ○
5. ④
6. 1) 정오 2) 시각표

철 | 84~85쪽

1. 철
2. 1) 사철 2) 철새 3) 철들다 4) 추수 5) 춘추복
3. 1) 제철 2) 동계 3) 장마철 4) 동면 5) 춘추복
4. 1) 철 2) 춘하추동 3) 철딱서니 없다 4) 철부지
5. ④
6. ①

재는 말 | 90~91쪽

1. 1) 깊이 2) 넓이 3) 굵기 4) 두께
2. 1) 크기 2) 높이 3) 무게 4) 길이
3. 1) 크기 2) 높이 3) 넓이 4) 깊이
4. 1) 두껍다 2) 가늘어서 3) 얇아서 4) 굵어서 5) 좁아서
5. ④
6. ③

세는 말 | 96~97쪽

1. 1) 마리 2) 사람, 명 3) 개비 4) 벌 5) 꾸러미
2. 1) 자루 2) 명 3) 포기 4) 분
3. 1) 마리 2) 자루 3) 켤레 4) 쌍 5) 축
4. 1) 50개 2) 100장 3) 30개 4) 2마리 5) 12자루
5. ④
6. 1) 두 2) 세 3) 한

작다 | 102~103쪽

1. 작다
2. 1) 소도시 2) 소국 3) 소아 4) 대변 5) 직다
3. 1) 크다 2) 작은 3) 작은 4) 많이 5) 대인
4. 1) 작은 2) 소도시 3) 소아과
5. 1) 작다 2) 많다
6. ②

잘다 | 108~109쪽

1. 잔
2. 1) 잘다 2) 잘다 3) 잔가지 4) 잔일 5) 잔병치레
3. 1) 잔뿌리 2) 잔가시 3) 잔소리 4) 잔심부름 5) 잔털
4. 1) 잔걱정 2) 잔말 3) 잔병치레 4) 잔주름 5) 잔뼈
5. 잘
6. 1) 잔심부름 2) 잔꾀

씨낱말

생물 | 114쪽

1. 생물
2. 1) 채소, 과일 2) 철새, 텃새 3) 학용품, 자동차
3. 1) 동물 2) 무생물 3) 여름새
4. ③

물질 | 115쪽

1. 물질
2. 1) 물체, 물질 2) 기화, 액화
3. 1) 끓는점 2) 순물질 3) 응고
4. 고체, 액체, 기체

직업 | 120쪽

1. 직업
2. 1) 직업, 직장 2) 사직, 구직 3) 공직, 관직 4) 퇴직, 이직
3. 1) 대기업 2) 구직 3) 벤처 기업

관혼상제 | 121쪽

1. 관혼상제
2. 1) 관례, 혼례 2) 상례, 제례 3) 결혼식, 혼인
3. 1) 혼례 2) 차례 3) 제사
4. 관례, 성년

자릿값 | 126쪽

1. 자릿값
2. 1) 자릿값, 자릿수 2) 참값, 근삿값 3) 어림, 어림수 4) 버림, 올림
3. 1) 일 2) 측정값 3) 반올림 4) 어림

시간 | 127쪽

1. 시간
2. 1) 오전, 오후 2) 세대, 세기
3. 1) 초 2) 개월 3) 년 4) 세대
4. 시각, 시간

비유법 | 132쪽

1. 비유법
2. 1) 반어법, 과장법 2) 대조법, 반복법
3. 1) 과장법 2) 대유법
4. 의인법, 직유법

음악 | 133쪽

1. 음악
2. 1) 리듬, 화성 2) 박자, 동기 3) 악절, 작은악절
3. 1) 박자 2) 가락 3) 화성 4) 작은악절

어휘 퍼즐 | 134쪽

		3)반						8)채	
1)개		4)어	는	5)점			7)잔	소	9)리
2)비	유	법		심			걱		듬
				6)시	각		정		
				간					
		11)사	직					15)참	
10)소	도	시				13)자	릿	값	
		사				동			
		12)철	부	지		14)차	례		

종합문제 | 135~139쪽

1. ② 2. ③ 3. ④ 4. ④ 5. ① 6. ⑤ 7. ③ 8. ② 9. ⑤ 10. ⑤
11. ③ 12. ④ 13. ② 14. ④ 15. ① 16. ⑤

문해력 문제 | 140~141쪽

1. 세균 2. 생명체, 분해, 숙싱 3. ③ 4. ①

1. 아울이, 이모 2. 생일 선물, 이모, 감사 3. ②
4. 예

사랑하는 친구 아름아
아름이의 열한 번째 생일을 축하해! 너와 만난 지 벌써 1년이 지났어. 너와 운동장에서 함께 축구를 할 때 정말 행복했어. 책을 좋아하는 너를 위해서 동화책을 한 권 샀어. 마음에 들었으면 좋겠다. 앞으로도 우리 친하게 지내자.

20○○년 ○월 ○일
너의 친구 한결이

집필위원

정춘수 권민희 송선경 이정희 신상희 황신영 황인찬 안바라
손지숙 김의경 황시원 송지혜 한고은 김민영 신호승
강유진 김보경 김보배 김윤철 김은선 김은행 김태연 김효정
박 경 박선경 박유상 박혜진 신상원 유리나 유정은 윤선희
이경란 이경수 이소영 이수미 이여신 이원진 이현정 이효진
정지윤 정진석 조고은 조희숙 최소영 최예정 최인수 한수정
홍유성 황윤정 황정안 황혜영

문해력 잡는 초등 어휘력 A-2 단계

글 이정희 송선경 황인찬
그림 쌈팍
기획 개발 정춘수

1판 1쇄 인쇄 2025년 1월 16일
1판 1쇄 발행 2025년 1월 31일

펴낸이 김영곤 **펴낸곳** ㈜북이십일 아울북
프로젝드2팀 김은영 권정화 김지수 이은영 우경진 오지애 최윤아
아동마케팅팀 명인수 손용우 양슬기 이주은 최유성
영업팀 변유경 한충희 장철용 강경남 김도연 황성진
표지디자인 박지영 임민지

출판등록 2000년 5월 6일 제406-2003-061호
주소 (우 10881) 경기도 파주시 문발동 회동길 201
연락처 031-955-2100(대표) 031-955-2122(팩스)
홈페이지 www.book21.com

ISBN 979-11-7357-042-1
ISBN 979-11-7357-036-0 (세트)

• 제조자명 : (주)북이십일
• 주소 : 경기도 파주시 회동길 201(문발동)
• 전화번호 : 031-955-2100
• 제조연월 : 2025. 01. 31.
• 제조국명 : 대한민국
• 사용연령 : 3세 이상 어린이 제품